U0915281

楷模列传——为前行者画像

向天开路

——当代『愚公』毛相林

陈泰湧　李燕燕　著

学习出版社

图书在版编目（CIP）数据

向天开路 ： 当代“愚公”毛相林 / 陈泰湧，李燕燕著. -- 北京 ： 学习出版社，2024. 11. -- ISBN 978-7-5147-1293-3

Ⅰ. D263

中国国家版本馆CIP数据核字第20247CG164号

向天开路

XIANGTIAN KAILU

——当代“愚公”毛相林

陈泰湧　李燕燕　著

责任编辑：苏嘉靖
技术编辑：胡　啸
装帧设计：映　谷

出版发行：学习出版社
北京市崇外大街11号新成文化大厦B座11层（100062）
010-66063020　010-66061634　010-66061646
网　　址：http://www.xuexiph.cn
经　　销：新华书店
印　　刷：北京联兴盛业印刷股份有限公司

开　　本：710毫米×1000毫米　1/16
印　　张：20.25
字　　数：191千字
版次印次：2024年11月第1版　2024年11月第1次印刷

书　　号：ISBN 978-7-5147-1293-3
定　　价：91.00元

如有印装错误请与本社联系调换，电话：010-66064915

目 录

序曲

太行◆王屋◆下庄

又会有一座空亭子
帮他从过去脱身

亭子里，有人站着，有人坐着
但因为云雾落在亭子肩头
同时也落在他们肩头
使得他们无论以哪种姿态出现
全都和亭子一样
全都变得那么可靠，像云雾的渡口
也像自己与自己的渡口

（南木子）

下庄古道

雨是新雨，橘子花的香水味是新的
连古道上青石板的苔藓都是新的
云雾后面，到处都是
新生活的入口

身处半山，一旦有人回头
往原来的生活倾斜
就会有一座空亭子
卸掉所有进入新生活的门和枷锁
像个示范一样
等在那里

一旦又有人在拐弯处转折不了

在中国，所有接受过九年义务教育的人对《愚公移山》和《桃花源记》两篇文章都不会陌生，或许不一定还能全文背诵，但对这两个故事应该是记忆犹新。

巫山县位于重庆市东北部，竹贤乡下庄村又位于巫山县东北。“山有小口，仿佛若有光。便舍船从口入。初极狭，才通人；复行数十步，豁然开朗。土地平旷，屋舍俨然。有良田、美池、桑竹之属。阡陌交通，鸡犬相闻。”若将“舍船从口入”稍作变化，从108道“之”字拐的绳索般的挂壁羊肠道陡然下降千余米，绝壁之下的下庄村就是一个现实世界中的“桃花源”。

下庄村四面群峰耸峙，绝壁垂落，形若万丈深井，整个村子就像是被锁在喀斯特地貌形成的这样一个巨大天井中，从井口到井底，最高海拔1300多米，最低海拔200多米，井底直径1.3千米，井口直径不到10千米，最陡处坡度近90度，唯一的“坦途”是一条藤蔓密布的挂壁羊肠道，通过108道“之”字拐可攀上“井口”，而此处也是近70度的峭壁。

下庄得名也是因其地势。下庄在历史上曾多次改名，但无论怎么改，皆离不开这个“下”字。下，是俯视的视角，也是以外观内的视角。但对于绝大多数下庄人来说，这片土地给了他们吃穿，也给了他们精神上的力量，他们永远是昂着头的。他们望着井口般的天空，想象着“井口”外更浩瀚的苍穹。下庄村的孩子们也会绘画，画顽灵的猴子，画一年两熟的稻穗，这是他们看得到摸得着的，但他们不会画风筝，风筝是飞扬在天空中的，他们眼里的天空给不了一只风筝的自由。

太行、王屋二山虽高万仞，但出入尚可“迂也”，而下庄人生活在“井”里，四面皆陡壁，绝壁合围，下庄人就像被囚禁的龙，纵有冲天志，也被困在了这一口“井”里。从下庄到“井口”，需从挂壁羊肠道攀缘而上，这条绝壁路垂直高差 1100 米，但就是这不长的距离，却是很多下庄人一辈子都走不完的路，困住了他们的一生，也困住了他们的子孙和未来。

1997 年 12 月 7 日，农历的冬月初八，那天又恰好是二十四节气中的“大雪”，下午 5 点，远处山峰上空几只鹞鹰继续盘旋，绝壁和千百年前一样傲然峭立。100 多条汉子站在峭壁前，他们的目光都注视着矮个子的毛相林。他们是囚龙，他们要冲天，他们心里都很明白这条路将决定下庄的未来，虽然他们想象不到为了修这条路，下庄人将会付出怎样的代价，但他们心甘情愿，因为所有代价都是为了孩子们能看到更宽阔的天空。

寒风彻骨，下庄村村支书毛相林裹了裹身上的棉衣，咬了咬牙，他比其他下庄人有着更大的憧憬，也承受着更大的压力，这条路是他倡议修的，如果修路成功，下庄就和“井”外的村庄一样，可以跟上社会发展；如果这次修路失败，那下庄修路之事不知会被拖多少年，甚至人去村空，下庄将不复存在。他眉目微敛，下令道：“开炮！”

山体岩壁埋填炸药处发出一声闷响，两公斤炸药爆发出巨大能量，大地颤抖，山石飞溅，悬崖上冒出了浓浓的烟尘，大量崖石垮塌下来，决战天路的第一炮顺利打响。

全中国的公路有500多万公里，毛相林带领下庄人修出来的这条挂壁天路仅8公里，占比约百万分之一。下庄村曾是巫山县贫困村，当年全国共有12.8万个贫困村，贫困人口9899万，下庄村有4个社，96户，近400人，占比约二十万分之一。数年拼搏，毛相林带领的这群下庄人不仅修出了一条冲出“井口”的路，也修出了一条脱困致富的自强之路。2004年4月，距第一声炮响7年之后，下庄绝壁上的天路全线贯通。2015年，距第一声炮响18年之后，下庄村整村脱贫，成为巫山县贫困村中第一批摘帽的，下庄村再次跟上了时代发展的步伐。

党的十八大以来，以习近平同志为核心的党中央把脱贫攻坚摆在治国理政的突出位置，作为全面建成小康社会的底线任务，组织开展了

▼隐藏在绝壁中的挂壁羊肠道是下庄村曾经唯一的进出通道

周瑄　摄（2023年）

人类历史上规模最大、力度最强、惠及人口最多的脱贫攻坚战，并取得了重大历史性成就。下庄村就是其中的一个标本。

时间来到了2021年2月25日上午10点30分，全国脱贫攻坚总结表彰大会开始，在热烈的掌声中，毛相林穿着合体的深色西服，走到了主席台前，习近平总书记亲手为他颁授了“全国脱贫攻坚楷模”奖章及证书。毛相林是百万分之一“开山人”的代表，毛相林是二十万分之一“脱贫人”的代表，毛相林也是下庄村四百分之一的代表。

此时，就像20多年前的那个决定修路的夜晚，下庄村里的人都聚集到了下庄人事迹陈列馆外的初心广场；此时，毛相林在北京，在电视荧屏里；此时，所有下庄人的目光都通过电视荧屏聚集到了他的身上。

“山凿一尺宽一尺，路修一丈长一丈，就算我们这代人穷十年苦十年，也一定要让下辈人过上好日子。”习近平总书记在会上转引毛相林说给乡亲们的话，点赞这种艰苦奋斗、苦干实干、用自己的双手创造幸福生活的精神。

“上下同心、尽锐出战、精准务实、开拓创新、攻坚克难、不负人民”的脱贫攻坚精神，是党的精神谱系的重要组成内容；“不甘落后、不等不靠、不畏艰险、不怕牺牲”的下庄人是脱贫攻坚精神的一个具体而生动的体现。

“人民是真正的英雄，激励人民群众自力更生、艰苦奋斗的内生动力，对人民群众创造自己的美好生活至关重要。”

毛相林内心非常激动，他眼含热泪，抬头望向北京人民大会堂的穹顶。穹顶上灯光璀璨，此时，毛相林却仿佛回到了下庄村，回到了那个被群山紧裹、被绝壁合围的“井底”，他在“井底”也是无数次地望向天空，每到夜晚，那窄窄的天空都会挂着六颗璀璨的星星。此时，这六颗星星也来到了大会堂的穹顶之上，汇入灯海。毛相林在心里默念：“我的好兄弟们，你们安息吧，我们已经修筑好了能看到希望的路。”

让人民群众脱贫致富，是共产党人始终不渝的奋斗目标。为了这个承诺，千千万万共产党员以攻坚克难的实际行动诠释对党和人民的忠诚，经海雨天风，初心不改。

毛相林同志作为新时期共产党员的优秀代表，是扎根基层一线的脱贫攻坚楷模。

伟大事业孕育伟大精神，伟大精神引领伟大事业！

小夜曲

井里女人

赐予花朵形体
她们共同给予一朵一朵绣花以命

那么多的绣花：那么多的小女儿
扎回下庄
从田野，从扎染坊，从农家乐
从一个母亲，一个时代的手中
接过针线，继续绣下庄村这朵大花

（南木子）

下庄女儿

绣花针反过来捏住下庄女儿的手
岁月太深，以至留下印痕

后来，这只手
捏过每一个黎明露在窗帘上的骨头
捏过鱼儿溪对准冬天绷紧的硬刺
捏过宁静沉睡在空气中的脸
也捏过疾病：一块风棱石
——这印痕都没能消失

下庄女儿用尽所有的花瓣
为花朵提供完整的想象
一根针做好千疮百孔也要相见的准备

袁大清16岁时从起阳乡嫁到下庄，直至2001年去世，这位90岁的老人一辈子都没能走出下庄。

下庄新娘

“我是1958年的，比‘老矮’大一年。”

杨亨平所说的“老矮”，就是下庄村的党支部书记毛相林。

毛相林是个小个子，精瘦，身高只有1.5米。在下庄村，除了开会或者谈工作，在这些正式场合大家会叫他毛书记，日常碰面，长辈喊毛相林就是喊“矮娃子”，平辈间则无论大小，喊的是“毛矮子”或“老矮”，晚辈见到他也是礼貌地喊声“矮伯伯”。他自己从不避讳这个称谓，遇事一着急，他自己嘴里嚷嚷出来的也就是“我毛矮子今天就要看你是不是要飞上天哒”？

杨亨平是由外祖母带大的。在他的印象里，自己的外祖母嫁到下庄来是享了福的，可是，好像又没有享到什么福。

他的外祖母名叫袁大清，生于 1911 年，这一年辛亥革命爆发，这场革命推翻了清王朝，结束了长达两千多年的封建君主专制制度。但是，巫山起阳乡和下庄村所在的竹贤乡相邻，也是被封印在了大山之中，新旧制度在杨亨平外祖母身上都留下了印记。她缠了小脚，她又拥有了自己的名字。

袁大清 16 岁时从起阳乡嫁到竹贤乡下庄村，直至 2001 年去世，享年 90 岁，这位高寿的老人在下庄生活了 74 年，可是，她从嫁进这“井底”之后，这一辈子就再也没有走出过下庄。

袁大清的丈夫叫杨自连，曾经是下庄的保长，丈夫对她很好。在那个兵荒马乱的年头里能当保长，必然是有点本事的。杨亨平记得小时候外祖父经常给他摆龙门阵，说的都是一些比较风光的事情，比如好几次都遇上抓壮丁的，他从“井口”往下庄跑，仗着地形熟、身手矫健，来抓他的兵丁追着追着要么就摔崖而死，要么就是哭爹喊娘，脚耙手软地半路撤退。乱世中，下庄还真就是一个世外桃源。

“我的外公他这辈子最行市（方言：值得骄傲）的事是在他 36 岁那年，来来回回跑乡里和县里，帮人一共打了 37 场官司。他能文能武，和现在的‘老矮’差不多，我给你说嘛，我们下庄真的是藏龙卧虎，很有些人才哟！”

“我外公每次从外面回下庄，都要给外婆带点针头线脑、花布、胭脂水粉这些，把我外婆嚯（方言：哄，讨好）得好得很。我们下庄的男人都疼老婆哒。”

“你问我，外公啷个不带外婆去一趟县城呀？哎呀，你忘了嗦，我外婆是小脚的嘛。”

那一年外公从乡上雇请了轿夫和吹打班子，临时组建了一个接亲的队伍，唢呐吹得呜嘟呜嘟，锣鼓敲得当啷当啷，一路上好不热闹，走到起阳乡外婆娘家的时候，那是风光极了，外婆心里也欢喜得很，红盖头下的脸也被映得红彤彤的。

接亲的队伍就这样一路吹吹打打，大红花轿将外婆抬到了竹贤乡，抬到了“井口”，望着“井底”的下庄村，轿夫们犯了难，这里只有一条挂壁的羊肠小道，下庄人也很实在，直接简称其为“猿道”，意为像猿猴一样攀爬方可行。这就是下庄村数百年来唯一的进出通道，也是新嫁娘今天必须走的唯一通道。实在是没有办法了，大红花轿被改装成了一台“担架”，轿夫们在重金悬赏下战战兢兢而行，他们手抓藤蔓，脚踩滚石，时不时地还要去找些藤蔓来将“花轿”缠绕上，从上往下慢慢地腾空下放，下面又是一群轿夫各自找好了落脚点，再伸着手臂去接，一旦没有接稳，喜事立刻就会变成丧事。这个时候红盖头下外婆的脸早就苍白如纸了。

袁大清嫁进下庄后，生活了 74 年，但她一辈子都没能再走出下庄　　骆勇　摄（1999 年）

说到这里，杨亨平长长地舒了一口气，在讲述他的外祖母是如何被抬到下庄来的过程时，他竟然一直提着那口气。

“5 个多小时，轿子才从‘井口’被抬到了‘井底’，从此我外婆这一辈子就再也没有离开过下庄了，她也好想回娘家去看一看，哪个来抬她嘛？”

世间最美好的爱情，在下庄这条“猿道”面前，也被击打得稀碎。

对男人们来说，攀爬着进出是不得已的事，而对女人们而言，不是生死大事，真的不会再去走这条路，哪怕这是走出下庄唯一的路，哪怕在这个“井口”的外面，还有她们最牵挂的亲人。

1997 年 8 月，毛相林新任村支书，他对下庄的人和事进行了一次梳理，一组组数据就这样被梳理了出来：“从未到过县城的 153 人；从未到过30公里外的集镇的50人；从未见过公路的160人；从未见过汽车的210人；从未坐过汽车的315人；从未见过电视的360人；从未看过电影的100人……”此时下庄的总人口数不到400人。袁大清只是其中之一。

此时，即将进入21世纪。此时，袁大清86岁。

“以前我们下庄比起其他村，那日子还是好过得多哟。”下庄虽被大山围成了深井，但这深井里的土质却是非常肥沃，两季稻……

“她们嫁到下庄就可以吃得上大米哒。”

在毛相林和杨亨平记事之后，也看到过好多次下庄人娶媳妇，这个时候娶进下庄的新媳妇不再是小脚了，也不需要再用大花轿抬了，可她们还只能是被抬进村里来——找一张椅子代替大花轿。不是这些新媳妇很娇贵，而是她们谁都不敢去顺着那条108道“之”字拐的“猿道”往下出溜。新媳妇坐在椅子上，就像袁大清当年一样，只不过将临时找来的藤蔓换成了早准备好的绳子，新媳妇儿被这几根绳子捆绑和固定在椅子上。除了抬新娘的人，男方还得既要顾前又要顾后地另外安排一些壮汉帮忙照顾抬着新娘的“轿夫”，以防意外发生。

下庄村的人每娶一次新媳妇，村里所有的人都要提心吊胆地过这一关。

陈祖英是一位稍显特殊的“新娘”，她说自己嫁进下庄，纯粹是因为爱情。她的娘家比婆家富裕，从地理位置和经济条件来看，陈祖英是真正的“下嫁”，嫁给袁大军，是看中了他的帅气、聪敏、肯干，她说，做了这个决定自己一辈子都不后悔，包括被捆在椅子上抬进下庄的那一天。

陈祖英在下庄的男人面前是那种瘦瘦小小的，但相比于其他下庄女人，她说话声音洪亮，笑声朗朗，走路风风火火，做农活也是利利索索，像个男人，嫁进下庄不久就被村民们选为了妇女主任。

陈祖英本以为自己就是一粒蒲公英的种子，虽然她知道山外的繁华，但守在夫家的这块土地，相夫教子也是一种人生，她很坦然，这粒种子是因为爱情而飘落到了下庄，那就在下庄生根发芽，再开花吧。

生下了儿子，看着儿子满地跑着打着滚噌噌地长高，她和下庄所有的母亲一样，时时叮咛着儿子要注意安全，但她也像下庄所有的母亲一样，相信儿子会在这块土地上长大，有了力量也会像他的父亲一样，勇敢地攀缘上那条挂壁羊肠道。

生下了女儿，抱着襁褓中的袁孝鑫，这个一向乐观刚强的女人突然犯起愁来，这一粒小小的蒲公英种子也是会随风飘走的，可等到她出嫁的那天，风能把她吹到山崖外面去吗？风可以吹走蒲公英的小小降落伞，可我的女儿能爬上那挂壁羊肠道吗？

可怜天下父母心。

陈祖英第一次觉得嫁到下庄来是个错误的决定。错在哪？她抱着小女儿，在房前的坝子上转了一圈，望着被群山围成的井壁，路哇？路啊！

路哇！路啊！下庄村好几代的村支书都认识到了这一点，也曾做过努力，想修一条好走的人行便道，让下庄人进出“天井”方便点，可在下庄如刀削过的崖壁天险面前，最终都无疾而终。

在毛相林的本子上除了记录着嫁进来和嫁出去的人口数，还记录着另一组数据，从他记事起，下庄村从悬崖上摔死的村民有23人，从悬崖上摔伤的村民有60人，从悬崖上摔伤致残的村民有15人。

从悬崖上摔死的23人中，就有他的本家兄弟和朋友。

毛相奎去山壁上掏被堵住的水沟，被崖壁上的落石砸中，因为路的艰险，无法及时送外抢救，死了。

毛相贵因迷路跌下山崖，大家找了七天七夜，发现时已经死了。

杨自虎砍柴，摔下山崖死了。

吴自清的小儿子到山崖上挖黄姜，手脚摔残废了。

蒋延成砍柴，身体摔得七零八落，死了……

还有身患疾病无法送出就医死的；有一时心堵想不开喝农药来不及送出去抢救死的……

还有太多的年轻人，辍学了……

太多太多因路的原因残酷制约着下庄人，让下庄人眼里看不到希望，看不到曙光。

让毛相林心里堵得慌的还有自己的女儿毛连俊，她患有先天性白内障，没有路，她就无法出去就医，她的眼里就再也不会有光。

感人心者，莫先乎情。亲情、爱情、友情，在下庄人的嘴里是很少说出口的，但他们皆存于心。

“天下之本在国，国之本在家，家之本在身。”这是《孟子》中的一句话，用现在的话来说就是天下的基础是国，国的基础是家，家的基础是个人。对于修路，在杨亨平心里，并不一定懂得有多么大的意义，更没想过，因修路，会对下庄带来什么天翻地覆的改变。他只是希望能为他最爱的人拼尽全力去做一件事，毛相林心里也是如此，所有下庄人心里皆是如此。

杨亨平很骄傲，因为他做了，而且做成功了：“修路，我们每一户都是按人头来派工，我家算人头就是我和外婆，她哪个可能去修路嘛，尖起个脚脚。我嚏，我去工地把我和外婆的工都承哒。一天的工都没有差过，你不信就随便去问嘛，7 年的时间，从开工到竣工，我是从头干到尾了的，嘿嘿。”

杨亨平并没有将自己能作为下庄一个重要历史事件的见证者和参与者而自豪，他自豪的只是纯朴至极的“我去做了我该做的事”。

“我哪个不想早点把路修通嘛，早一点修通，我就能带外婆进城去看一眼哒，嗯……可能她最想的还是回一趟娘家哟，娘家那边还有她的几个侄孙——没见过几次，还是很小的时候跟着大人来下庄看过她这个老辈子，他们进来一趟也很不容易，娘家人在她的心里还是有位置的，她的侄儿些都比她先过世，她就把这几个侄孙记到起哒，时不时嘴里还是要念一下。”

可惜，杨亨平的外祖母袁大清老人于 2001 年离世，享年 90 岁。不幸的是至死她也未能走出下庄村，而幸运的是她看到了“天路”的动工，而她最亲爱的外孙奋战在工地上，为了她，为了更多的下庄人，他们在与大山较劲，他们要了却下庄人的遗憾，他们要改变下庄人的命运。

陈祖英是幸运的，路修通了，她的女儿顺着这条路走出了大山，上了大学，然后又踏着这条天路回到了下庄村，从毛相林手里接过了下庄村村委会主任的担子，也接下了下庄村的明天。

碑上刻了 102 位修筑下庄天路的村民的名字，刘道菊和杨自慧的名字没有刻在里面，她们丈夫的名字也不在其中，而是刻在最上方，为修筑下庄天路牺牲者的名单之中。

下庄遗孀

天路既成，下庄村人归于平静，他们沿着这条路走进走出，每个人的生活都在继续。

10 多年后，下庄天路和下庄修路人的故事再次泛起涟漪，各项荣誉接踵而至，这让很多下庄人感到茫然，甚至是惊慌失措，我们不就是修了一条路吗？我们不就是不愿意让自己受穷吗？怎么会得到这么多的夸赞和荣耀？

“浪迹江湖忆旧游，故人生死各千秋。”

“路是大家修的。”毛相林说，“我们要建一座下庄人事迹陈列馆，要立一块碑，要将大家的名字都刻在上面，要让我们的后人都记得，未来是他们的，为了下庄的未来，我们做了这样一件事。”

他又说，我们要将所有修路人的名字刻在碑上，尤其是那些牺牲者。

碑上最终刻下了 6 名修筑下庄天路的牺牲者，以及参加修路的村民 102 人，这 102 人的名单其实并不完整，很多家庭都有夫妻、父子等多人上山修路，最终选择的是其中一人为代表。刘道菊和杨自慧的名字也没在上面，因为她们丈夫的名字就位列在牺牲者名单之首。

刘道菊，下庄村养大的姑娘。杨自慧，嫁进下庄村的新娘。如今她们都成了下庄村的遗孀。碑上虽无名，但下庄的人都始终记得她们，牵挂着她们。

时间已经过去 20 多年，逝者已矣，她们的人生还得继续。

杨自慧在巫山县人民医院当护工。

好在 3 个儿女都已经成人，都走出了大山，杨自慧长长地舒了一口气。

这些年里，她很少回下庄村，但是她心里始终刻着这个名字。

杨自慧在心里假设过很多次，这些年里，她一个人要拖 3 个娃儿，还要给公公养老送终，自己是不是就真的会狠下心，咬咬牙扔下他们，早早地就逃离了下庄。

肯定会，但她并没有，因为有村委会和毛相林、方四财他们的帮扶，这个帮扶使她感觉自己在沉底深潭时突然从下方给来的有力而沉稳的支撑，让她浮出了水面，得以喘息。

等着这条下庄天路修通了，修好了，杨自慧也终于沿着这条路爬出了自己人生的深渊。如今 3 个娃娃都读了书，找到了工作，她是看在眼里，心里也是很感激“老矮”的，可一想到曾经吃过的这些苦，她的嘴上始终是硬邦邦的。

“老矮呀老矮，你们倒是把路修好哒，你倒是经常上电视哒，村里人的日子倒是都好过哒，可是黄会元再也回不来哒！”下庄人能修通挂壁天路，但始终打不通杨自慧心里的那个堵点，因为她要的是一个人的“起死回生”，这是神仙也无法的呀。

“我这些年的日子过得难呀！再怎么帮扶，孤儿寡母的日子也只能是用‘熬’字才能形容。”

“我哪个都不会原谅老矮，如果不是他打那个电话把我们一家喊起回来修路……”说到这里，杨自慧又禁不住长叹一口气，“唉，其实也怪不得老矮，还不是黄会元他自己犟啊，非要回来。”

杨自慧可以絮絮叨叨地聊半天她的生活，但对于丈夫的死，她总是避而不谈，如果话题已经硬生生地递到了嘴边，她还是会顾左右而言他，硬生生地绕过去。

这是她心底的痛。这又何尝不是毛相林心底的痛呢？

下庄的这条挂壁天路是浸染了6位牺牲者的鲜血，只要是谈到下庄修路，牺牲的话题是绝对绕不开的。而沈庆富和黄会元两位村民的牺牲又极具冲击力、震撼感，他们两位的牺牲发生在修路的最初阶段，但是，也正是他们的牺牲，以及其后牺牲者家庭的态度才决定了这条天路的命运——家属的宽宥，坚定了下庄人修通天路的信心。多年以后，我们在歌颂下庄人“不甘落后，不等不靠，不畏艰险，不怕牺牲”的精神时，又怎能遗忘掉这些遗孀的眼泪和伤痛。

过去了这么多年，毛相林也作过了上千场报告，接受过数百次采访，但只要谈到沈庆富和黄会元的死，毛相林的语调就会变得低沉，语速变得缓慢，这不是排练出来的，如果你细心观察，如果条件允许，这个时候毛相林会摸出一盒香烟来，先散支烟给客人，然后自己再点上一支，他是用这个动作来强行打断思维，他也需要从痛苦中跳出来。

点燃香烟，毛相林长吸一口，屏住呼吸，夹着香烟的右手食指和中指会有轻微的颤抖。

说起修路的那7年，与杨自慧和毛相林的缄默不同，杨亨平的话匣子打开就再也收不住了：“7年的时间，从开工到竣工，我是从头干到尾了的，唉，沈庆富和黄会元失格（方言：出事）的时候，我都在旁边的，看到那活生生的人，刚刚和我还说过话的，一下子就失格了，再也……我经常做梦都梦到他们。”

那是在 1999 年 8 月 10 日，距第一次开山炮响一年半之后。

杨亨平回想起来，如果不是沈庆富出事，这就是一个平常得不能再平常的日子，要说不同，就是这段时间工程进展好像比以往更顺利。杨亨平说：“这半个月来，甚至没有人受小伤，莫说擦伤，就连崴脚的都没有。”

毛相林说：“自从我们上了山，个个就都是把脑袋拴在裤腰带上的。”从修路的第一天起，各种意外纷至沓来，惊险总是时时发生。

蒋长久，扛着工具朝作业面走去，脚底一滑，头朝下摔出数丈远，头和上半身都冲出了悬崖，幸亏站在他身旁的沈庆富眼疾手快，一把就抓住了他的脚后跟。“如果错过了这千分之一秒，如果不是沈庆富，我蒋长久早就没得哒！”

刘从龙，正弯着腰偏着头撬石头，头顶一块巨石轰然垮塌，他根本就来不及反应，也幸亏巨石垮塌的位置是偏移的，擦着他的腰下去了，在他的腰上擦出了一条小口。如果刘从龙的头再偏一点，今天这个世界上就没有刘从龙这个人了，又如果这个石头再偏一点，砸在他的脚上，今天这个世界上也就没有刘从龙这个人了。

杨亨华，下庄村的村医，也是一个大力士，跟刘从龙的情况类似，也是一块巨石擦着他的腰落下，稍有不同的是巨石“顺便”还崩断了他的腰带，他的裤子一下就垮到了地上。也幸亏他身壮力大，巨石崩断腰带拉扯他的裤子的时候，他稳住了身子，才没有被那块一吨重的巨石带入谷底——从某种角度来看，或许这是杨亨华和死神的一次拔河，因为幸运之神帮忙划断了腰带，杨亨华才得以险胜。至今他的腰间还有很醒目的疤痕，作为这次幸运之神眷顾的纪念。

杨元鼎，正踩在碎石上从一个工地走到另一个工地，碎石滑溜，他摔倒在地，手无抓拿，只能顺着下滑，裤子刺啦啦磨得稀烂，眼看已经滑到了崖口，他拼着命地用脚乱蹬，嘿，不偏不倚蹬着了一个小坎子。如果没有蹬住这个小坎子，如果他摔倒的方向相反，是头朝外倒下的，那么，今天这个世界上就没有杨元鼎这个人了。

“还有张泽太、袁孝恩、张从林、张继清、袁大军……这些人的命都是捡回来的。”杨亨平说，“老矮的命也是他自己捡回来的。”

第一次，毛相林正在洞子里作业，石头土块突然垮塌，把洞口封死了。在场的人七手八脚，有工具的用工具，没工具的就用手，指甲挖断，十指磨破，终于在他窒息之前将他刨了出来，刨出来的时候毛相林已是嘴唇发乌。要是大家的动作再稍微慢了那么一点点，现在也就没有毛相林这个人了。

第二次，毛相林站在路基上指挥，那段路基猝然崩塌，毛相林反应迅捷，纵身跳开，又躲过了这一劫。要是他的反应稍微慢了一点点，又或者旁边没有可落脚的地方，现在也就没有毛相林这个人了。

危险不是某一个人的，危险是所有上工地的人都必须面对的。前一秒还差点丢命，后一秒又在干活，这也是修路工地的常态。

毛相林暗自庆幸过，一次又一次，一个接一个，都经受了生死考验，都是有惊无险，不仅没死，还没“受伤”——“我们没得那么娇气得！破个口子，流点血，这算什么受伤嘛？只要不是砸得瘫了，今后再也下不了地干活了，都不叫受伤！”杨亨平说，“我们眼睛里都是盯着老矮的，实话说，如果他去城里弄炸药办那些事，他不在工地，我们心里确实是有点发慌，但只要看到工地上有他的影子在晃，大家心里就踏实。”

用《万州日报》巫山记者站站长侯长青的话来说，毛相林是整个修路工地的灵魂人物。作为记者，他很想探究一下，为什么一个村支书会有这么大的魅力，会让数百位村民“言听计从”。这个答案很快就被他找到了。在修路现场，毛相林并没有发出什么指令，几个工段的分工和进度安排是村委会集体商量决定的，会议后毛相林也只是一个会议决议的执行人，为了进度和安全，毛相林总是一个工地一个工地地去检查，他会拉下脸来，他的眼睛里有一股狠劲，冷酷得让人不寒而栗，他会骂脏话，骂得人低头不语满面愧色，工地上的妇女会避之不及能逃多远就逃多远。但是，骂了还不听，或者是说不明白，毛相林也就不再骂，他会强势地抢过虹绳，捆在自己的腰间，亲自吊到悬崖下面去查勘、去示范施工。村民们如果要想去找他，就去最险的和最难的地方。

在侯长青看来，毛相林脾气不好，工作作风有些简单粗暴既是缺点，但在修路工地上反而成了优点，该做的思想工作早就做了，该形成的决议已经形成了，此时就是执行，再婆婆妈妈，磨磨叽叽的，能成事?

事事冲在前，时时打头阵，在毛相林自己看来，这一切都是自然的，因为只有自己带头上，群众才会有干劲，这天路才能修得成。

“雁飞千里靠头雁，船载万斤靠舵人。”行动是无声的号令，身教是最好的榜样。侯长青说，这就是“前有车后有辙”，正是有了毛相林身先士卒、冲在前、干在先，以“关键少数”来示范带动“绝大多数”，最终才形成了下庄人上下同欲、众心齐一的局面。

可侯长青心里还是有疑问，对于下庄修路，他去的次数最多，和村民的感情最深，离现场最近，算得上是“新闻第一人”。但他始终有个遗憾，就是没有见过沈庆富。他第一次去采访时沈庆富已经牺牲了，侯长青说，决定去下庄采访，是想解自己心里的这样一个疑惑：说得千好万好，没有出事就什么都好，那所看到的都是鲜花和掌声，可一旦出事，就是鲜血和泪水，他不相信出事之后村民们二话不说，仍然扛着工具继续上工地修路，他不相信沈长富的遗孀会善罢甘休。她不会大闹村委会吗？她不会停尸在毛相林家门前吧？下庄的这一群人究竟是怎样的一群人啊？

时针再次拨回 1999 年 8 月 10 日的那一天。太阳升起，爆炸声再次响起。这本就是一个平常的日子。

沈庆富找毛相林请了两天假，准备第二天到骡坪去接从广东回来的妻子。

沈庆富本来并不是下庄村的人，他是骡坪镇沙坪村的人。刘恒玉家有 3 个闺女，大妹二妹出嫁了，他们就想把老三刘道菊留在家里。1995 年，经媒人介绍，沈庆富就“嫁”到了下庄，成为刘恒玉家的上门女婿，也就成了下庄人。

1997 年开始修路，沈庆富和媳妇刘道菊，还有老丈人刘恒玉、岳母张国英，以及沈庆富 1 岁多的儿子沈玉全，他们一家需要出 5 个人的工。妻子刘道菊身体不好，有比较严重的哮喘，做不了重体力活，家里的农活做着都困难，就算是到修路工地上出工，也是出不了力。全家人在一起商量了半天，最终决定由刘道菊去广东打工挣点现钱回来，刘恒玉和张国英在家打理田地和带娃，沈庆富上山修路。

沈庆富是个安安静静的本分人，修路又不惜力，从开工没有离开过一天工地，没有休息过一天，再说了，两口子又分别了快一年了，好不容易回趟家，于情于理都该去接一下，准个假是人之常情嘛，毛相林

▼刘道菊抱着年幼的儿子沈玉全祭拜丈夫沈庆富

骆勇　摄（1999年）

点头同意了。

如果妻子早一天回来，沈庆富早一天请假，灾难或许就不会发生在他们身上。但谁也无法提前预知命运。这一次幸运没有再眷顾下庄，没有眷顾他们，沈庆富被巨石砸中，永远倒在了工地上，丢下了久未见面的妻子和儿子，成了下庄修路牺牲的第一人。

侯长青说，至今我都很遗憾没有早点去下庄，早点去，或许就能见到沈庆富一面，现在我对沈庆富长什么样子完全只能是靠想象。现在很多人都觉得奇怪，为什么在各种报道中，在下庄人事迹陈列馆中竟然都没有沈庆富的照片。我问过刘道菊，她说沈庆富只在办身份证和结婚证的时候照过照片，可这些东西掉了之后就再也找不到了。

多年后，在下庄天路修成通车的那一刻，刘道菊没有去现场观礼，而是站在自家的院坝里，回想起 7 年前送丈夫去工地的那一刻。父亲刘恒玉反复叮嘱女婿："爬坡上坎慢点哟，修路时，你要好生些，我们一大家人就指靠着你哟。"刘道菊也对丈夫说道："修路危险，你眼睛要看事点。"

沈庆富抱着儿子亲了亲，回头对妻子说道："放心嘛，我晓得哒，我不在家，帮不上你们，你们也要各人照顾好各人哈。"

这句话，竟然是沈庆富留给妻子的最后一句话。

沈庆富被巨石砸下山崖的那一刻，心里是不是还在牵挂着久未见面的妻子我们不得而知，但在刘道菊的心里，是会记得沈庆富的，在所有人的心里，都是会记得沈庆富的，只要下庄的天路存在一天，这个名字就不会湮灭。

同样，在杨自慧的心里，从来就不会遗忘掉黄会元这个名字。

她也回想过很多次，如果没有方四财释放的善意，如果没有毛相林的那一通电话，如果没有黄会元执拗地要回来修路，他们一家或许还和和美美地团聚在一起，儿女可能会在武汉上班，也有可能在北京上班，在深圳上班，她和黄会元也可能跟着儿女一起生活，或者就在湖北京山安安静静地生活——按照黄会元的那种能干劲，家里应该能攒下一些钱，过点安逸日子是没问题的，黄会元会去打点小麻将，自己也会去跳跳坝坝舞，可是现在——杨自慧说："当护工有好辛苦说不上，反正没得修路那样苦嘛，做这个活路，我图的是可以和人说说话。"

黄会元是修建下庄天路的第二位牺牲者，也是留下资料最多的一位，因为他牺牲的时候恰好有侯长青他们一组媒体记者在现场采访，留下了完整的影像资料。

有人曾经说过，像下庄村这样不等不靠，埋头苦干，寻找出路的乡村在中国绝对不会只有这一个样本，甚至有比下庄村自然条件更艰苦的村庄，甚至有比下庄村修天路更感人的村庄，下庄，相对我们中国大地上成千上万个"宁愿苦干不愿苦熬"的乡村而言，或许只是运气更好一点，这个运气就在于他们被媒体所“发现”，从而被更多的人所“看见”。

对于下庄，或许是运气，但对于侯长青来说，他宁愿自己这一辈子都没有去过下庄，没有拍下下庄天路施工现场那顶唯一的黄色的安全帽。

1995 年，黄会元家在整个下庄日子是过得最凄惶（方言：窘困）的，这并不是因为黄会元和杨自慧两口子懒，实实在在是他们家的负担太重。杨自慧先后生了两个闺女，但宁愿罚款也要继续生，终于，生下了一个男娃，但家里也落下了饥荒。

也许是不想让子女跟着自己一辈子困在下庄，也许是从“井口”飞进来的鸟儿带给了黄会元对外面世界的畅想，更有可能是想用躲出去来拖一拖欠缴的超生罚款，总之，黄会元带着一家五口迁到了湖北省京山县。黄会元在一个采石场打工，山里出来的男人，吃得苦，耐得劳。黄会元眼睛尖，学东西快，很快就学会了较难掌握的凿岩技术。有了技术，挣钱比原来多，小日子也过得滋润。

杨自慧说，如果再这样干个一两年，他们也就能把超生罚款攒下来了，他们知道，那 1 万元的罚款还是驻村干部方大学帮他们垫的，人家虽说是领工资，但也只有一点死工资，也是要养家糊口的，那笔钱对方大学来说也是一笔巨款，无论如何都得想办法尽快还上去。

他们始终都有回去的心。

在异乡的日子里，黄会元常常想起一起上山砍柴、一同下地做活儿的杨元玖和彭仁松这些朋友。他出来的时候，虽然答应过父亲会经常回去，但真要回去总还是不方便。

黄会元特别仇恨挡住了人们视野的崇山峻岭，但是他喜欢每年的11月，山上的树叶全红了。红得透明，红得干脆，红得像云，红得像霞，红得把心都烧得像烈火。

黄会元也曾探索过山外的太阳，它是那么有温度、有力度，有的地方，鸡蛋放在地上都晒得熟。可是下庄村的太阳不一样，虽然一出来就直挺挺地在头上明晃晃挂着。但它的温度软绵绵的，连收下来的苞谷都晒不干，那些年要上交公粮干苞谷，还需要人们用柴火烘。

到了京山的第二天早上，杨自慧看到了远处的太阳慢慢升起来了，急忙推醒睡梦中的黄会元说：“会元你快看，太阳从土里升起来了。”真的，太阳从土里升起来了，夫妻俩仿佛看到自己的生活也像太阳，从这块土地里冉冉升起来了。

对下庄的爱和怨，就这样交织在黄会元和杨自慧两口子的心里。

谁能想到，毛相林的一个电话打破了他们宁静的生活，也彻底改变了他们的人生。

电话里，毛相林告诉黄会元下庄村在修路的事。黄会元似乎有点不相信自己的耳朵：“老矮，你说我们下庄村修路？”

“真的，真的修路！”毛相林在电话里如此这般地说了自己的想法和村里的规定，“如果你不回来也行，每天交 20 元请人修也可以。”

时间已经到了 1998 年年底，此时下庄修路已开工一年，对于毛相林来说，如果不是差钱差人，他也不会千方百计要到黄会元的电话。怕黄会元还有顾虑，又说超生罚款方大学已经垫付，交了差了，他不会催着你们要的。

黄会元心里像有只猫在抓挠。

妻子杨自慧说，我们都不住在下庄了，这条路修不修和我们家没多大关系的，不过我们是下庄人，该出的钱我们一分不少地出，没得必要非要回去下那个力气——人要会算账！

黄会元心里自然是算了一笔账的，这个账是很好算的，在京山打工每天挣的钱远不止 20 元，但这个账只是从家庭的收支角度来算的。黄会元心里还有另一本账，这个账是怎么算的，杨自慧到现在都没有明白。

总之就是要回下庄去修路！黄会元和妻子软磨硬泡。“吵也吵了，闹也闹了，没得法，他就是认了那个死理——‘金窝银窝不如自己的狗窝’，他还拍了拍凿岩机，‘我肯定是村里最懂修路的，有这个家伙，路都要修得快得多！’他非要带着我和 3 个娃儿回下庄。你说，人啦，有时候是不是要相信点啥子？那个机器没用好久就开始扯拐，这个时候我们如果就不整了，回湖北去多好得呀，但黄会元就是一个犟拐拐，他又去找亲戚朋友东拼西凑，背上几千块钱的债又去买了一台。他拿着这台新机器继续去凿炮眼，一共才凿了300多米，机器还新崭崭的，人……”

“人啦，有时候是不是要相信点啥子？”数年后，侯长青每次回到下庄，站到鸡冠梁的位置，总是会叹一口气。

下庄修路本来是下庄人默默地埋头苦干，1999年2月春节的时候，侯长青回到老家巫山跳石，遇到已是竹贤乡乡长的曹栩也回家过年，聊天中，侯长青知道了下庄近400位老百姓为了改变现状，自己主动筹集资金修路，已经修了一年多。

那个时候，侯长青是万州日报社驻巫山记者站站长，主要精力都在围绕移民搬迁城市迁建等中心工作上。他请记者站的另一位记者覃昌年找时间到竹贤去看看。7月，覃昌年来到下庄人修路的鱼儿溪采访，之后在《三峡都市报》上发了一篇整版文章，标题叫《凿天坑》。这篇文章把下庄人为什么要修路的事情交代清楚了，夹杂一些修路中的趣事，使报道很有可读性。这是祖祖辈辈下庄人第一次被媒体报道，可遗憾的是这个整版的报道并没有引起多大的社会反响。

8月中旬，曹栩乡长通过电话告诉侯长青，26岁的沈庆富在修路工地上出事了。

“哦，修路，出事是难免的哒。”侯长青当了多年的记者，见过了各种场面。

“村民们没有怨言，在把沈庆富送上山之后，他们又来到鱼儿溪鸡冠梁，继续用他们最原始的方式凿天路……”曹栩乡长哽咽着说。

电话里传来的声音让侯长青听出了这是一份没有杂质的感动。侯长青认为，这种感动或许就是因为这群人的不等不靠，或许就是因为这群人的不屈不挠，或许就是因为这群人的前仆后继，或许就是因为这群人的万众一心……所有了解下庄修天路的人都会为此而感动。

侯长青的职业敏感催促着他去了下庄，这是他第一次到下庄，很快，《下庄人，用生命挑战悬崖》发表在了9月2日的《万州日报》头版倒头条位置。这篇文章一下就引起了社会的强烈反响。“这篇报道之所以让大家感动，因为文章里面有沈庆富的鲜血，有刘道菊的眼泪，还有下庄修路人的汗水。”

这篇文章出来之后，万州移民开发区党工委宣传部领导要求万州新闻单位抽调精兵强将，《万州日报》《万州杂志》《三峡都市报》和万州电视台抽调了6名记者，组成下庄报道组，到下庄去深入挖掘他们修路背后的人文精神。

这是侯长青第二次到下庄，也是他第一次见到黄会元。29日，侯

修路的汉子跪向黄会元摔下的方向

（资料图片）

长青刚刚对他进行了采访，9 月 30 日上午，黄会元就被头顶掉下来的石头砸中，砸下千米深谷，成为继沈庆富之后第二位为下庄公路牺牲的村民。当时侯长青他们也正在鸡冠梁上采访。

“在鸡冠梁上，头顶上的乌鸦成群结队地盘旋鸣叫，让已经被眼前一幕震撼得目瞪口呆的我们更加心慌，一种未知的恐惧袭来，全身不由得一紧，一种求生本能的意识促使我双手紧紧抓住身边的树根。”

“不知是 30 秒，还是 1 分钟。缓过神来的我，只见四周群山一片寂静，修路工地上的村民定在那里如雕塑，唯有一群乌鸦还在急促‘哇哇’鸣叫不止。不时，哀叹声从各个山腰响起。随后，在鸡冠梁上的袁孝恩、杨亨华等 6 位村民，赤裸上身，向着黄会元摔下去的方向跪下来。”

这一跪，跪出了下庄人对生死的态度!

这一跪，跪出了下庄人文精神的高度!

方四财和毛相林已经迅速带人赶去山崖下，人们在默默地等待。侯长青实在是忍不住了，向在场的村民问出了自己心里的那个疑问：“都死两个人了，这路你们还修吗？”

大家的反应很平静，村民杨元鼎说：“我们只是悲痛，我们不会怕，修路哪有不流血的？从开始修就想到了这点。”

两座新坟就静静地矗立在下庄的高岗上。

沈庆富的坟前，侯长青问刘道菊：“你最想对丈夫说一句什么话呢？”

她背对苍天，面向黄土，抽泣着说：“沈庆富，我来看你来哒。我从广东打工回来哒，你啷个这么狠心就是不肯再看我一眼哟。你放心，我一定要把娃儿带大，等路修通哒，我再来给你说……”

黄会元的坟前，侯长青问了杨自慧同样一个问题，杨自慧似乎要比刘道菊更坚强一些，她背对着坟茔回答记者：“他回来修路，算是了了他的心愿哒，以前我不相信这条路修得通，但是我现在要接着来修，必须修通，等路修通哒，我要带着娃儿们去走这条路，走出去，这是他们的老汉儿用命为他们修出来的路，他说过，这路就是为娃儿们修的，他修这条路享不到福，也要为子孙后代造福……”

岩石无语，苍天有眼，走南闯北的记者照理说感情都是坚韧的，此时他们个个都已泪水横流。

其实，每一个下庄人都是一个悲壮的故事，这一个故事，最终共同完成了一幅拼图，这拼图的画面，就是那修建成功的下庄天路，这条路诠释了牺牲对下庄人意味着什么。

82 岁的老支书黄会洪，他曾动过 3 次修路的念头，均未成功，他说，我不能上岩去了，但路修到村里了，我还要去铲一铲土。

左腿被落石压断，换了一根钢柱的马振云，63 岁了，仍在悬崖绝壁上放虹绳打炮眼，是下庄年龄最大的修路人。他说，我这条老命，阎王爷不得要……

52 岁的张国香，丈夫有病不能上工地，她爬上悬崖为工地背水。

年轻的寡妇陶中翠也战斗在悬崖上，家里是 12 岁的儿子带着妹妹，除了读书做饭还要喂猪，她说，村里人对我全家是最照顾的，我哪有那些男人苦哟……

在黄会元的灵堂前，杨自慧和她的 3 个孩子哭成了泪人儿，当村支书毛相林抹着眼泪问大家还修不修路？“修！”一声惊天动地的呐喊，这个呐喊里有杨自慧的声音，村民们齐刷刷地举起了森林般的手，这里面有杨自慧的一只手。

“人啦，有时候是不是要相信点啥子？”杨自慧喃喃自语道，又自问自答道，“我相信这条路一定会修通！”

7年，下庄修那条公路用了7年的时间，袁孝鑫也用了7年的时间在心里修建了一条回下庄的路。她辞去主城的工作，带着所有的行李，又沿着下庄天路回到了下庄。

下庄姑娘

一听妈妈摆起自己当年是怎么嫁到下庄村来的龙门阵，袁孝鑫就使劲地憋笑，实在憋不住的时候就急匆匆几步跨出院子，跑到远处去哈哈大笑一阵。

袁孝鑫是袁大军和陈祖英的女儿，出生在下庄村，是走出下庄村的第一代大学生。袁孝鑫大学毕业后专门去学了扎染，把“下庄天路”做成了最具下庄代表性的文创产品。

对于这条天路，母女俩有着完全不同的感受。

陈祖英曾任原下庄村妇女主任，现任下庄村民监督委员会主任。

她曾经是修路“娘子军”中的一员，“他们男人一个工值 10 分，我们妇女一个工值 8 分。我就又修路又煮饭，力气没得他们大，但事情做得多，给我的工分也得算个 10 分。”时间过去 20 多年了，从她讲话时饱满的情绪、一边搭话一边手脚不停地做家务，就看得出当年她在工地上的热情和劲头。“勤快”“贤惠”“热情”“劲头”，这就是陈祖英在女儿心目中的印象。

陈祖英说：“我还有点‘争强好胜’，还有一点‘狡猾’。”

“修路的时候，我的体力不够，那就早起晚睡，走多远的路去背水，一趟背不动太多，那就多跑一趟。他们休息的时候我就煮饭，这个也算工分，反正我要把工分做得和他们一样多。但女人家对家里的事还是牵挂得多一些，田间地头的，还有就是娃儿有点啥事，就要跑回去看一眼，这样工分就会差那么一点做不满。我们修路不是要用炸药吗？那些炸药粉粉总要想办法裹成长棍状，这样才能塞得进炮眼里面。裹筒纸用的是报纸，嘿，当时指挥部有一个政策，弄回来 10 斤报纸就可以算 10 个工分，我就跑回娘家去，兄弟家里早就帮我收集了一些，我分几趟，背了 300 多斤报纸回来，这些工分就可以攒起来慢慢补漏。”

1988 年，陈祖英 21 岁，从“井口”上沿的阮村嫁到下庄。那个时候虽然下庄的路难走，但土地比周围的村庄都要肥沃一些，加上海拔和温度等因素，水稻一年能种两季，比起其他地方只能吃“三大砣”（土豆、红薯、玉米），日子算是好过的了。当年陈祖英是兴高采烈地嫁到下庄里的。

因为经常听妈妈摆那个时候的龙门阵，袁孝鑫早就背得下来了。“我妈妈最后悔的就是嫁妆拿少了，一方面是娘家不富裕，另一方面是我爸他也一个劲儿地摆手说不要。后来我妈妈去舅舅家要报纸，就理直气壮地说这是要让娘家补自己的嫁妆。”

这么多年过去了，陈祖英记得清清楚楚，进下庄要从那条挂壁羊肠道下来，那个时候新娘子已经不兴坐轿子了，但总也不至于让新娘子自己抓着藤蔓从崖上“井口”处往下梭噻，还是得抬，弄了两根棍子，做成滑竿不像滑竿，担架不像担架的东西，把她抬进了下庄，嫁妆嘛，就只有一个小的木柜子，那也是好几个人合力抬下来的。最初陈祖英和娘家人都以为袁大军这个新姑爷这样那样的陪嫁都不要，是他“大器”，结果没想到是新姑爷心里打了小九九，他是怕豆腐盘出了肉价钱，不要更省事。尽管这样“简陋”，这个接亲也特别不容易，一大早去接亲，接到家里就已是晚上了。

袁孝鑫就出生在下庄，俗话说家中有个孕妇相当于停了口棺材，女人生孩子，就是脚踏鬼门关。陈祖英心里也慌，也害怕，她当然晓得去县医院生娃，哪怕就是到乡里的卫生院生娃都要安全得多，但是，啷个抬得上去？自己大着肚子要爬出这个天坑，更是不可能。

守在下庄种田，日子是过得相对好一点，但一年忙到头也只能填饱肚子，和外面的世界相比，这个日子仍然算是比较艰难的。1994 年前后，村里的年轻人纷纷外出务工挣钱。袁大军也坐不住了，跟着亲戚和熟人在县城周边包揽工程，修路、打桩基、建房子、挖土方，与建筑有关的活路都干过。凭着吃苦耐劳的干劲儿，挣到了一些钱。陈祖英就在村里当她的妇女主任，为村里操持一点事，陪着袁孝鑫慢慢成长。

袁孝鑫说，她童年的记忆其实是在出了下庄之后，是在外面读书的时候才被唤醒的，她在书本上学到了“世外桃源”这个词，一下就想到了自己的下庄，童年的下庄是有此起彼伏的鸡鸣声的。后来，突然就响起了一阵又一阵的开山炮声，每当炮声响起，正在讲课的张泽燕老师就会停下来，又是欣喜又是紧张地出一会儿神，他站在那里，朝着工地方向，他的目光似乎能穿过教室的墙。

路修好之前，袁孝鑫是没有走出过下庄的。用母亲陈祖英的话来说，他们那些大人修路，就是为了让孩子们能走出去。

1997 年村里决定修路。哪怕在外面能多挣一些钱，用这些钱回村买工也更划算，但袁大军想到自己进进出出全靠走，买东买西全靠背，吃了这么多的苦，受了这么多的累，而这个苦这个累儿子和女儿还要继续吃下去，受下去，心里还是有些想不过味儿，很多事并不能单纯地换算成钱，工分可以买，但今后自己带着儿女走在这条路上，脸上会羞得很。袁大军还是丢下了承包的工程，回家修自己的路。

没修几天，用陈祖英的话说，“他就是回来过过瘾的，瘾都还没过够，又被城里的老板‘抓’回去哒”。因为袁大军现在已经不再是一个普普通通的建筑工人，他是城里那个工程项目的包工头，他还带领着一大帮建筑工人。袁大军不在现场，那工程的进度一下就垮了下来，把工程老板惹冒火了，直接放话出来，“你袁大军3天内不回来，我就带20个人拿着绳绳把你捆起回来。”

袁大军不得不悻悻而归。于是陈祖英就“替夫出征”，走到了修路的工地上。

2004年，公路正式通车。为了方便袁孝鑫兄妹读书，他们一家就搬到了巫山县城。

袁孝鑫说，矮伯伯的一句话让她印象特别深刻，就是毛相林在接受媒体采访时说过很多次的：“如果不修路，我们就成为最后一代下庄人哒！”

“最后一代下庄人”是毛相林心里的隐痛，是袁大军和陈祖英两口子心里的隐痛，也是所有下庄人心里的隐痛。

为了下庄后继有人，下庄人流血流汗修了这样一条天路，为了下庄后继有人，修路之前毛相林就召集村“两委”共同商议，由村集体筹集物资，村民出义工，拆了山王庙，在村里最好的地块修建了教室。

甚至是为了下庄后继有人，在修路的过程中，唯一能免掉修路任务的，除了在修路过程中牺牲者的家属，就只有两个村小教师。

下庄人是集体举手通过的。下庄人身处封闭，思想却不封闭，他们懂得尊重知识、尊重人才，而这就是尊重下庄的未来。

路修好了，可这些“未来”却顺着这条路走出了下庄，那承载着下庄希望和未来的教室变得空荡荡，毛相林眼里的光黯淡了。

“虽然我们搬家了，到外面去读书，但我每到寒暑假就一定会跑回下庄来，我的家还在这里，要说想家，想的就是这里，而不是我们在县城里的新房子。我会在放假前一个月就开始天天做梦，梦到自己回到下庄了，我做梦会哭醒，最初我还怀疑自己是不是个‘戏精’，后来我能肯定，我不是戏精，戏精是不会悄悄躲进自己一个人的梦里去哭的。终于放假了，我回到下庄了，回来后和叔叔伯伯大娘大婶们打招呼，‘鑫娃儿！’当他们喊出我的小名时，我都觉得自己还是在做梦。”袁孝鑫说。

陈祖英全家搬到了巫山县城，但他们一家的户口始终留在下庄村，并没有迁去县城，丈夫袁大军继续在外面做工程，他们的日子越过越好。2014 年，这已是下庄天路修好 10 年之后了，听说毛相林带领村民们在村里发展柑橘产业，陈祖英觉得老矮这下子是找对了路了，一是下庄气候好，适合种植水果，二是水果价钱和产量高，比种传统的粮食作物要划得来。陈祖英又急急忙忙跑回下庄，花了三四天时间把 6 亩承包地全部栽上了柑橘树。4 年后，柑橘树开始挂果，看到了效益。后来，毛相林又组织大家将村里的柑橘托管给一家公司，村民轻轻松松参与分成。陈祖英说，这些年下庄村在发展，老矮就像一个司机，那些村民也像司机，开着各自的小车跟在老矮的后面，而我，因为不愿荒着自己家的那块地，回下庄来凑凑热闹，就像是在搭顺风车。

很快，陈祖英就不再是搭顺风车了，她也加入了“开车”的队伍。2021 年春天，陈祖英回下庄查看柑橘长势，这一下就让她看傻眼了，那条修通的下庄天路冷清了 10 多年，现在竟然停了好多车，到吃午饭的时候，村里只有一家农家乐，只能接待个三五桌，更焦心的是小卖部的方便食品全部卖空了，几户农家的面条也被饥肠辘辘的游客吃个精光，不少人还饿着肚子。陈祖英乐了，回去就和丈夫商量，没几天，陈祖英就把邻居空闲在路边的房屋租下来，改成了厨房，添置了几张桌子和必要的设备，半个月后，祖英农家乐就开始营业了。这几年来下庄的客人多，农家乐的生意也不错，一年有好几万元的收入。

陈祖英回到了下庄，日子过得比在城里还要顺心些。但对于女儿袁孝鑫要回到下庄来，她心里并不高兴。

2015 年，袁孝鑫大学毕业，在重庆主城的一家互联网公司上班，月收入最高时能拿到 1.6 万元。在外打拼的这些年，袁孝鑫仍然会做梦，梦到自己回到了下庄。在梦里，她会触摸到林间的风，会听到鸟叫和虫鸣，能看到如黑丝绒上点缀着钻石的星空，这些，就是和小时候摸到的，听到的，看到的，一模一样。

7年，下庄修那条公路用了7年的时间，袁孝鑫也用了7年的时间，在心里修建了一条回下庄的路。2022年，袁孝鑫辞去重庆的工作，带着所有的行李，又沿着下庄天路回到了下庄。

这个小姑娘“心眼儿”也多，也算是有所预谋吧，在父母翻盖下庄的老屋时，袁孝鑫就自己出钱，挨着父母的大屋子盖了一间小小的房子，“这是我的产权，老妈就没有理由赶我走哒！”袁孝鑫得意地笑了。

陈祖英和女儿长谈过一次：“我们年龄大了，城里的生活不太适合我们，我们想的是叶落归根，你不一样，你正年轻，回下庄来干什么？”

“是矮伯伯喊我回来的，”袁孝鑫说，“以前我就想回来，但在村里找不到合适的工作机会，如今下庄发展得越来越好，我觉得回来也能做点事了。”

矮伯伯毛相林给很多走出去的下庄下一代打电话，请他们回下庄来看一看。公路修通了，看着孩子们能更方便地走出下庄去读书求学，毛相林的心里是又高兴又酸楚。下庄的孩子考上了大学，他给这些从下庄走出去的孩子发“奖学金”，除了说几句鼓励他们好好读书的话，其他的话他一句都没有多说，并没有说让他们学成之后要回下庄来建设家乡的话。“年轻人嘛，心高得很，我们这个地方太小，别茧着他们的翅膀哒！”

来来往往的那才叫路，只出不进，那算什么路？毛相林以前不说，并不代表他心里没有去想，毛相林的心里除了产业发展的账本，还有另一个惨淡的账本，就是现在村里的85后人数还不到10个。

2021年，下庄村小的最后一位教师张泽燕老师退休了。权宜之计就是请来村里学历最高的彭仁松代课，彭仁松读过初中，喜欢唱唱山歌，但他并没读完初中，给来下庄参观学习的人讲讲当年修路的故事，那是他亲身经历过的，他眉飞色舞，讲得绘声绘色，兴致来了还会即兴唱上两句自己编的山歌，可要让他拿着小学课本，站在小学教室的讲台上，他发怵了，要教这些小娃娃，他感觉很吃力，可不能误人子弟呀。彭仁松把儿子彭淦喊回了下庄。

毛相林又翻了一下心里的账本，现在的下庄村和刚修通下庄天路的下庄村完全不一样了，下庄村现在处处是机会：下庄村开始探索试行“龙头企业＋村集体经济组织＋农户”产业发展模式；中共巫山县委党校也在下庄设立了校区，前来参观培训的单位络绎不绝；下庄天路沿线修建了观景平台，增加了停车场、步道、亭廊等，下庄天路还被评为了“全国十大最美农村路”，游客纷至沓来。

彭淦的回归让村里小学又装填满了琅琅的读书声，下庄是不会茧着这些年轻人的翅膀的，这个村庄太大，太空，还需要更多的年轻人来填哟！

毛相林给他们一个一个地打电话，这一次他不再是说努力学习好好工作的话了，而是直截了当："鑫娃儿！回下庄来嘛，你矮伯伯老了，下庄需要你们年轻人了！我是看着你们长大的，我相信你们！"

袁孝鑫和妈妈陈祖英发生争执，她问妈妈："你们当年修路是为了啥子？"

陈祖英白了女儿一眼："还不是为了你们！"

"那我回下庄，你为啥子要反对呢？"

"下庄哪有外面发展得好嘛？还是大城市门路多些，你回来不划算。"

"那你哪个要回下庄来呢？"袁孝鑫穷追不舍。

袁孝鑫对妈妈说："我想回下庄来，不是觉得城里工作很辛苦，想躺平，也不是追逐桃花源梦境的一个冲动决定。以前我就想回来，但在村里找不到合适的工作机会，如今下庄发展得越来越好，我回到下庄得到的发展机会更多，我学的就是新媒体营销，我想回来做自媒体，给自己更多发挥的可能性。"

袁孝鑫还悄悄给妈妈透露了自己的创业计划：100 多年前，下庄曾有一个出名的染坊，传了好几代人，目前还有遗址遗存，袁孝鑫小时候是见到过做扎染的老奶奶，也经常跑去玩耍，现在自己想恢复下庄的扎染技艺，并且做成更多适合现代人消费习惯的扎染手工艺品，要将“天路”“柑橘”等下庄元素融入作品中，要用扎染讲述下庄的故事。

“矮伯伯是全国都知名的人，是流量明星，我想请他给我做代言人，让他拿着我的下庄扎染作品去北京开会。”

她又撒娇：“我回来了，不就可以天天陪在您的身边了吗？”

陈祖英的心里是又好气又好笑。不过，在女儿回到下庄后，在女儿的创业道路上，她还是给了很多的帮助。袁孝鑫最初回到下庄，工作就是在下庄人事迹陈列馆里当讲解员，同时也协助村里做些事情。

她一边上班，还一边鼓捣自己的事，她在那间由自己出资修建的房子里创办了一间工作室，把下庄土生土长的枇杷叶、板蓝根等植物碾碎调成不同颜色，在太阳帽、T 恤衫、手提袋、抱枕上绘制成不同的图案，很时尚，很有品位，适合各个年龄层次的人，很多来下庄的游客都会购买，甚至还有人根据个人的喜好前来定制。

乡里和村里对她的创业计划也给予了很大的支持，帮助她将“下庄扎染”手工技艺申报成为第六批县级非物质文化遗产项目，袁孝鑫也被确定为该非遗项目的代表性传承人。

在 2023 年全国两会时，矮伯伯毛相林果真就背着袁孝鑫制作的“下庄天路”扎染帆布包去北京参会，大家都被包上的“天路”图案所吸引，毛相林也趁机发出邀请：“欢迎大家都来我们下庄天路走一走、看一看！我们下庄村还有很多好东西！”

陈祖英出嫁前就学得一手的裁缝手艺，嫁到下庄后，很长一段时间，她就是下庄唯一的裁缝。后来进城，在县城里也是摆过裁缝摊。女儿的创业，又恰好落在了她的强项中，在女儿的创业道路上她自然也是出了不少的力。

袁孝鑫（右）和母亲陈祖英在扎染工坊里
周瑄　摄（2023 年 12 月）

“下庄村的发展太需要这些年轻人的参与！”毛相林非常赞赏她从小看着长大的这位鑫娃儿——像她这样有知识有文化，懂经营管理，会讲故事，又有手艺，这些见多识广的年轻人就是下庄的未来！

为什么要回到下庄？这是每一

个回到下庄的年轻人都曾被无数遍问到过的问题。是的，这里没有影院，没有游乐园，这里点不到外卖，买不到奶茶……这个问题不仅仅是好奇，问这个问题，其实在客观上已经说明了下庄在基础设施、物资供应等方面，与他们曾经生活过的大城市存在现实差距，也说明了大家对这些年轻人回到下庄后留不留得住的担忧。

而这个问题的答案，对袁孝鑫他们来说，似乎非常简单。因为这里是他们的家。袁孝鑫说："我们走出去的目的，不就是为了回家吗？我们这里有大城市没有的青山绿水，大城市里有的，我们这里迟早也会有。"

20 多年前毛相林带领着下庄村民走上工地时也说过一句话："山凿一尺宽一尺，路修一丈长一丈，就算我们这代人穷十年苦十年，也一定要让下辈人过上好日子。"现在，袁孝鑫说："大城市里有的，我们这里迟早也会有。"这两句话何其相似。

因为这里是我们的家！

20 多年前，老一辈的下庄人靠着"不甘落后、不等不靠、不畏艰险、不怕牺牲"的精神，走出了一条坚实的脱困之路。如今，这种精神在新一辈的年轻下庄人身体里继续流淌着，他们将回到下庄，去开辟一条幸福的乡村振兴发展之路。

袁孝鑫肯学、勤快、热情、谦逊、点子还多，在村民们的支持下，2023 年 10 月 8 日，袁孝鑫高票当选，成为下庄有史以来最年轻的村委会主任。

当上了村委会主任的袁孝鑫还是有一些变化的，最明显的改变就是在对毛相林的称呼上，日常交流和接受采访，她谈到毛相林总是习惯性地称“矮伯伯”，在开村委会时，或和毛相林一起讨论村里的大事小情时，她都非常尊敬地称毛相林为“毛支书”。

站在下庄村“愚公讲堂”外面的坝子上，袁孝鑫对毛相林说：“毛支书，别人都说您修了一条路，我觉得说的不对，您一共修了三条路。”

现在的毛相林和年轻时也有些不一样了，组织交给了他一项新任务，就是培养年轻人。很多时候他都不再主动表态，而是把发言的机会交给年轻人们，最多也只是在关键点上点拨几句。此时，他仍然是不说话，吸了一口烟，静静地等袁孝鑫说下去。

袁孝鑫说：您带领下庄村的村民们修的下庄天路是第一条路，打通了我们下庄进出的通道，是一条脱困之路；第二条路是您带领下庄村的村民们不断尝试，寻找到的脱贫之路；您现在还在修建的是第三条路，就是下庄的振兴之路。

很显然，这几句话说到了毛相林的心坎上了，他声音竟有些哽咽，夹着烟卷的手指又有些颤抖，他说：“当年修路，是我把黄会元他们喊回来的，黄会元的事一直是我心里的痛，好在路终于修通了，我对得起黄会元，对得起大家；我带领大家种大漆、种烟叶、养桑蚕、种柑橘，折腾了不少的事，让大家又多吃了几年的苦，好在我们终于又找到了一条致富的路，我毛相林对得起下庄，对得起大家；你说得对，我们现在要修的是第三条路，你们几个年轻人是我喊回来的，如果你们不回来，那修再多的路都没有用，下庄就没有希望，现在你们陆陆续续回来了，接过了这个担子，我毛相林对得起组织对我的信任，对得起我们下庄的未来。”

“不过，你妈妈对你回下庄好像还是有些意见？”毛相林话锋一转。

“她又啷个嘛？”袁孝鑫心里有些急，这一句话就像扣动了冲锋枪的扳机，一梭子就打了出去。

“你男朋友是不是在解放碑那边上班？你们两个隔得太远了，你妈妈心里头还是很不安逸哒。”毛相林憋着笑意。

“那您又啷个说的呢？”袁孝鑫脸上泛起了红晕。

“陈祖英，当年下庄条件那么艰苦，路都没得一条，你嫁到他们袁家的时候嫁妆都抬不进来，忘了嗦？现在你再看看我们下庄，再看看你屋里的那个又乖又能干的鑫娃儿，你还操心她的事呀？要不了多久，那个人就要扑爬跟头地追到我们下庄来哒——我有一句话要说到前头哈，那个小伙子要‘嫁’到我们下庄来，我欢迎，要把我们鑫娃儿娶起走，做梦！”

下庄周围的山仍然像井壁，环绕着下庄。“井口”的天空布满了彩霞，彩霞映照在袁孝鑫的脸上。

奏鸣曲

开辟天路

山要什么给什么
一生只宠一条路
他们的汗水拧成一根系于腰间
系于子子孙孙的古藤
一条敢于吃苦勇于吃苦的传承之路

他们凿清晨，凿黄昏
凿绝壁的绝，也凿绝地求生的绝
七年，白天帮他们记过数
黑夜帮他们记过数
七年，终于把下庄
从群山四面的阴影里凿出来
也把の名摔下悬崖的名字
从石头里凿出来

（南木子）

下庄天路

草鞋，钢钎，地铺，岩洞，汗水
哪一样都发酸，但更让人发酸的
是用桃源般的清水反复洗也洗不掉的穷

世世代代弯了108拐的脊梁骨
已经不能再弯了
陷入群山的深眼眶太久
他们齐刷刷把手举向天空——
说：修
他们其实说的是：
脱皮，脱骨，献热血，献生命

他们的眼睛只剩下山的需求

在黄会元的葬礼上，毛相林嘶吼着问大家："我们已经死了两个人了，这个路究竟还应不应该修下去？"灵堂上，"修""修""继续修"的声音此起彼伏，表决时，下庄人伸出了齐刷刷的手，"百分之百通过"！

手臂丛林

决　策

下庄天路的修成，用了7年的时间，这里面可歌可泣的事例太多太多，而黄会元的罹难和葬礼，却格外地触人心弦，也惹人闲言。

为什么出了这么大的事，他们还要继续修路？这些村民为什么要听他的？他毛相林究竟有多霸道？

毛相林个子矮小，却劲大、嗓门响、性格急躁，说话做事在外人看来确实有些“霸道”。

1995年，方四财从西昌农专毕业后被派往巫山县竹贤乡农经站，成为一名农经干部，随后就被派到下庄村驻村。方四财来到下庄村后就住在毛相林家。两人同住一个屋檐，同在一张桌子上吃红苕、洋芋、苞谷。就是修路时，毛相林和方四财两人也是秤不离砣，大事小事都要碰个头商量商量。毛相林把这位比他小10岁的方四财看成最亲密的战友、同事和兄弟。他和村里人一样，有时称他为方同志、方大学，有时称他老方。在毛相林的眼里，方四财是一个有文化、有思想、政治水平高的好同志。

同住一个屋檐下，在一张桌子上吃着同一口锅里的饭，毛相林对方四财的个性和工作作风摸得透亮，方四财对毛相林也是知根知底，有时毛相林和村民谈话时说了一些上不得台面的粗话，方四财就赶紧去打个圆场，批评批评毛相林，再唱个红脸，给村民和和气气地讲讲道理，暗地里帮毛相林一把。

方四财对毛相林的评价就是组织原则极强、执行力极强，他会想方设法地去解决问题。同时，毛相林又是一个没有太多想法的人，在毛相林的眼里，只要村民有困难，就要去解决，“我就认准了这一条，为老百姓解决困难就是党的工作原则！也就是我作为村支书的责任和义务”。

“他不是霸道，是性格直，干基层工作不可能不得罪人，也不能怕得罪人，我觉得老矮对这个度就把握得比较好，他心里有杆公平秤，没有私心，如果有私心就不可能干得成这件事，也不可能得到这么多村民的真心拥护。”方四财说：“老矮的这个‘时代楷模’当之无愧！”

“老矮的成绩不是一蹴而就的，是与他这么多年的奉献有关。他的成长也不是完全的自我生长，而是组织对他的长期培养，可以说，老矮的个人成长离不开环境。”

对毛相林成长影响最大的当然是家庭环境。毛相林的父亲毛永义上过抗美援朝的战场，从部队转业分配到供销社，个性倔强，说话直率，脾气急躁，这些都“遗传”给了毛相林，“越是说他干不成，他越是要去干”。毛相林的母亲杨自芝是一位共产党员，毛相林有多大，她的党龄就有多长。杨自芝还有近 30 年村妇女主任的工作经验。她虽然认不了几个字，却是一个极有主见、为人刚直、思想开明的母亲。她对自己的儿子施以严格家教，教育毛相林要学会承担各种疼痛和苦难，成为一个刚直不阿的有责任和有担当的男子汉。

“还有前面的两三任村支书都看好老矮，都对他着力培养。”1977 年，毛相林 18 岁，他被当时的大队长黄会洪拎到队上为大家服务，担任团支部书记。

方四财记得很清楚，他刚到下庄就去给黄会洪“拜码头”。黄会洪从 1956 年开始到 1977 年年底，先是担任过下庄村的高级社社长，然后又当过支部书记、大队长、村主任，为下庄村服务了20多年，德高望重。如果要讲党的优良作风传承，黄会洪应该算是毛相林的第二位老师。

方四财虽然刚出学校不久，但他清楚地知道，要到基层工作，首先就是要尊重基层的同志，特别是那些奋斗多年的老同志。不仅要尊重、爱护和学习，更要重视发挥老同志的作用。

第一次上门拜访，就见黄会洪端坐在圈椅上，见到人进屋，就喊儿媳妇："来客人啦，倒茶。"

方四财赶紧作了自我介绍，黄会洪站起身来，"小方……"顿了3秒钟，往前走了半步，"方同志，请坐。"

黄会洪也是一个直爽人，真没把方四财当外人，三言两语就给"方同志"套上了"辔"和"轭"："你看我们这个下庄就像一口锅，我们村最大的问题就是没有出门的路，你是农经干部，工作职责是要帮助我们这里发展经济，你看能不能先想想办法，帮我们修通一条骡马路？"

后来，当毛相林提出修路的想法时，方四财只是觉得有些突然，却一点也不感到吃惊，因为修一条出下庄的路不是毛相林的突发奇想，那是所有下庄人心里所盼。

当然，在下庄住的日子久了他就摸到了更多的情况，修路，黄会洪也并不只停留在想法里，他曾带领村民动过工——当时的想法是修一条可供骡马行走的小道，省却了完全靠人攀缘的艰险。可是，这个设想也没能变成现实。

方四财作过总结，前面几代人的想法为什么没能实现？自然条件极端恶劣，修路难度太大，而这只是外部原因，这些外在的阻碍在毛相林修路时同样存在，而内在因素才是最重要的，内生力量如果足够强大，那就会迸发出惊天动地的力量。方四财说，下庄人被困在这个“井底”数百年，但这个困是“困缚”的困，并不是贫困的困。

方四财面露难色。

黄会洪叹了一口气，希望越大，失望也就越大。是呀，眼前这个刚出校门的小伙子，只不过是乡里派来的驻村干部，他一个人，没职没权，甚至他的生活都和下庄无关，说不定过几天就调走了，怎么可能把希望寄托在这样一个外人身上。

转瞬间黄会洪就又恢复了他的爽朗和乐观：“在我们村里的这一批娃子中，矮娃子是最有出息的，你别看他个子矮，但他矮小有劲。”

黄会洪所说的“矮娃子”就是毛相林。

那时的毛相林是下庄村的村委会主任。

1993 年 9 月，34 岁的毛相林被下庄村村民选为村委会主任。那时的毛相林，对外面的世界充满向往，却无能为力。

18 岁，当上村里的团支部书记后，毛相林需要经常出山，去巫山县城采购尿素，一袋尿素 80 斤，全靠人力一袋袋背回村里。当上干部，就是多出点力，可出了力，这个村也改变不了什么。

被推举为村委会主任之后，毛相林并没意识到这和以前当团支部书记、当大队长有什么不同，“该我出力的时候我就多出一些力就是”。那时，毛相林面对下庄村的困境，他也无能为力。

那时，村里的一些年轻人手抓藤蔓脚踏碎石沿着挂壁羊肠道爬上了井沿，毛相林也和他们一起外出去打工，两个月就挣了 3000 块钱。

两个月后，乡里召集会议，各村的村委会主任都去开会，这时乡里才发现下庄村的村委会主任毛相林竟然不在村里了。村委会是农村基层群众性自治组织，要办理本村的公共事务和公益事业，调解民间纠纷，协助维护社会治安，村民们把毛相林选举出来了，他竟然“脱岗”，那下庄村的这些事情又由谁来牵头呢？这怎么行呢？于是赶紧让乡武装部部长写信，把毛相林喊了回来。

经过了上级组织的“敲打”，这一刻，毛相林的角色意识方才觉醒：“既然村民们选了我，就是相信我，我必须要对大家负责，我一定要让下庄村走出困境。”

毛相林接到信后立即辞工，回到了下庄村。这次短暂的打工之旅不仅让他兜里多了一小叠钞票，也让他看到了更大的世界，从外界重新回到逼仄的村子，他也多了一些思考，我们下庄为什么穷？我们下庄为什么以前的日子比周围的村子过得好？那是我们下庄的土地好哇！我们下庄为什么现在的日子过得比周围的村子更差了？我们的土地变差了？还是我们变懒了？不，下庄人可以没有任何优点，但也绝对不会沾染上懒的缺点。地还是那块地，下庄还是那个下庄，但外界发展得太快了，我们快被时代甩下了！

“我们下庄不是穷，我们下庄是被困住了！”

毛相林想了很多，但他一个字都没有吐露，给乡里说吗？给村民们说吗？说了又怎样？同情？沮丧？下庄仍然不会得到改变！

“如果我没想过这事，也就算了，但我现在既然想了，这件事进了心里，梗住了，那我就放不下来了。”不甘落后、不等不靠，毛相林就是这样一个喜欢和自己较劲的人，整个下庄村的人也都如此。

拆山王庙修学校也是方四财到下庄后参与的“第一件大事”，甚至这还是方四财给毛相林出的主意，当时下庄村唯一的小学是由村保管室改造而成，条件非常简陋，方四财也是农村长大的孩子，但下庄村小的破败让他也不由得皱起了眉头。方四财说：“尽管我到下庄去是做农经工作，教育的事与我的职责无关，但是，我一到下庄，也就把自己当成了下庄人，另外还有一点，包括老矮，他们看我并不是看我这一个人，我是乡里派去的驻村干部，他们是把我当成了‘上级’派来的人，是代表‘组织’的，我们下庄的村民非常朴实，对上级组织的安排是尊重和服从的，老矮更是如此，我的一言一行都会对他们产生着影响。”

“打了这么多年的交道，我晓得老矮有很多缺点，但他有一个最大的优点，就是执行力强，认准了一件事就一定会去干，而且要干成，他干起事来就是有一股狠劲！”多年后，方四财仍然能回忆起当年和毛相林携手而战的每一个细节，他们是怎么商议，怎么去做一个个村民的说服工作，怎么去号召全村人义务劳动，怎么去筹集资金和物资，怎么去攻克一个接一个的技术难题，最后又是怎么一起将学校重新翻新完成的。很快，下庄村的孩子们就搬到了崭新的砖房教室，再也不用担心暴雨天屋顶会落下水滴。此时，下周村周围的大山不再是险阻，而是一个天然的回音壁，孩子们的琅琅读书声成了下庄天井里最美的音乐。

“现在想来，1995 年的时候我们修学校，其实就是为两年后开始修路所进行的一次实战演习。”

确实是一次实战演习，通过这次“演习”，毛相林也清楚地知道了，只要是真心实意为了大家，大家一定会跟着干。毛相林还相信一点，只要自己带头干，就没有克服不了的困难。

确实是一次实战演习，通过这次“演习”，方四财也清楚地知道了，村民们愿意跟着毛相林干，是对毛相林的信任，是对黄会洪的信任，是对杨自芝的信任，还有对他这个驻村干部的信任，归根结底，是对组织的信任。

组织是什么？在来下庄之前，在方四财的眼里，“组织”是一个词，看不见摸不着，但到了下庄，这个词逐渐具象化了，表达的意思也演化成了更多的词语——奉献、坚韧、信任、希望……

这是方四财从这些时时刻刻都在奉献自己，在带领着大家奔向幸福之路的一个又一个具象的人，一个个优秀的党员干部身上看到的，从此“组织”在方四财眼里就不再只是一个词语，因为毛相林他们给了“组织”具象的表达。

当荣誉的光芒披在毛相林身上的时候，也有人为方四财鸣不平，认为这些荣誉方四财也该得到一半。方四财比很多人都看得开，他说：“所谓的荣誉都是事后的褒奖，我们活着，看着公路修通，看着下庄的日子变好，这就是一种荣誉。想一想为修路牺牲的那些同志，如果在天有灵，我相信他们不会说荣誉该不该给自己，或者该给自己什么样的荣誉这样的话，他们只留下了遗憾，遗憾没有看到路修通，遗憾没有看到下庄变好了。”

“‘时代楷模’的荣誉并不是授予毛相林一个人的，毛相林是我们下庄人‘不甘落后、不等不靠、不畏艰险、不怕牺牲’的精神的代言人，是我们下庄所有党员和群众的代表，我们都在时代楷模这个荣誉的光芒里。”

对于方四财的这种说法，毛相林嘿嘿地笑：“有文化就是不一样，你们晓得我们下庄人为啥子要喊他‘方大学’了噻？他说得好，说出了我的心里话。修路，哪是我毛相林一个人干得了的哟，我只是牵了个头。”

事实也的确如此，虽然以前下庄村也曾修过几次路，但毛相林只是一个参与者。而当上村委会主任之后，他脑子里想的就不再是自己的出行难题，而是村里人的出行难题。1997 年 8 月，毛相林被选为下庄村支部书记，最明显的一个改变就是从参加支部会议变成了召集和组织支部会议。他也终于明白了，要做自己的事，家里人商量一下就成，可要做村里的事，都得讲个规矩。

万事皆有因，对于为什么会想着带领大家修下庄天路，很多的新闻报道写了各种各样的激发毛相林修路的故事，对于这些故事，毛相林皆不否认，但是他也说：“修路，这是下庄几百年来最大的一件事，哪是我的一个念头兴起就能去做的哟，他们说的这些都对，这些都是促成我们去修路的理由。不是我一个人在想，我们下庄所有的人都在想，我只不过是去牵了一个头嘛。”

为什么敢牵这个头？这才是值得追问的。

毛相林将修路的想法和方四财进行了沟通，打动了方四财。毛相林又去黄会洪家里拜访，谈了修路的想法，得到了老支书的支持和勉励，毛相林又回到家，给母亲杨自芝和妻子王祥英做了工作，也得到了家人的理解和支持。

在毛相林的家里，他的家是村民们平常聊天的地方，也是无须挂牌的“下庄村党员活动中心”。毛相林和方四财决定召开村社干部和党员会，一起商量修路的事。那天应该到会的有 14 人，实到 14 人，无人缺席。

第一次村社干部和党员会。大家听了毛相林的想法和思路，很吃惊。在绝壁上修路，这可不是开玩笑，是天大的事情。一直到散会，他们都没讨论出修还是不修的结果。

第二次村社干部和党员会。大家仍然没有信心，没有能够取得共识。只不过在这一次会议之后，大家都意识到毛矮子真的是铁了心要干这事。

毛相林牢记老支书授的“锦囊计”，压住自己的急躁脾气，没有着急，尽管他对全村情况了如指掌，但还是开始重新走访群众，了解他们的心声，摸透每一家的具体困难。在走访的过程中，他同时也在一家一家进行着修路动员。

第三次党员和村社干部会议，反对修路的声音仍然有，不过已经明显减弱。毛相林趁热打铁，抛出一系列针对修路的具体问题让大家讨论和沟通，这一下子就是热油锅里泼凉水——炸了锅了，大家讨论得热火朝天，鸡鸣三更都舍不得散。这样一讨论，大家的思路也变得更清晰了，困难也显得没那么多没那么大了，赞成修路的同志逐渐多了起来。

3次会议之后，毛相林觉得时机已经成熟，他准备在第四次党员和村社干部会上进行一次表决，然后再召开村民大会。

广播通知后，村社干部和党员们陆陆续续到齐。等大家都坐下后，

▶ 召集党员和村社干部会议动员修路　（资料图片）

毛相林开门见山地道：“现在我要给大家说一件事，目前国家经济比前些年是好了很多，但也还没富足到来照顾到我们每一个乡每一个村。国家现在是在推进村村通公路，但这个工作主要还是靠各个县各个乡自己来解决，我们竹贤乡也在启动这个工作……”

他故意停顿了一会儿，摸出一支烟，点燃后吸了两口，这才不紧不慢地接着说：“大家都晓得，我们下庄村地理位置是很特殊的，乡里开会也说哒，通村公路是要修的，但要一个一个地来，而且是从近到远，从易到难。”

这一下，会场顿时嗡嗡声四起，大家心里都明白，下庄村到乡政府虽从距离上算不上最远，但最难二字舍我其谁？

心急者问：“我们下庄排在第几？好久能修我们这里嘛？”

毛相林又慢悠悠地吸了一口烟：“乡里没说，现在只说先修我们井沿上的阮村，先修好了阮村到竹贤的路，再修其他村的路。”

“不得行哟，修了阮村，我们的路就可以接上去哒，哪个会不修我们的，又去给那些村修哟？”

“那我们村不得等到猴年马月去了呀？老矮，你不是喊我们开了好几次会？你不是说我们村要修路？哪个这一下就整成了其他村要修路了，我们反倒在旁边看到起，等到起，这哪个要得呢？”

“毛矮子，你前几次给我们说的不是这样的哈，说得劲鼓鼓的，我把袖子都撸起来了，你娃又说我们不修了，逗起我们好耍吗？”

毛相林从口袋里摸出烟来，烟盒皱巴巴的，里面也只剩几根，他抖出最后的几根，散给吵得最凶，最脸红脖子粗的几位，然后悠悠地说：“你们说啷个办呢？有什么想法，大家都说出来。我是真心实意想请大家一起来出主意想办法。”

“莫逗我们耍哟，矮哥，你快点说你是啷个想的，我们听你的！”众人又是一片喧哗。

毛相林说：“井中的蛤蟆只知簸箕大块天，下庄村人不知山那边的车子比山羊跑得快。要致富，先修路。上面规定村级公路自己修，国家那么大，地方那么多，下庄村在这个山旮旯，政府一时顾不过来，但是我们不能等，不能靠。修路脱困是我们现在的大事，路修起了，才能彻底改变我们下庄村落后的命运。修路不是开玩笑，涉及每个人每个家庭，真正动工就没法后退，所以这不是我毛矮子一个人说了就作数的，要我们大家都答应，都动得起来才行。大家都要发言，想到什么就说什么，支持也行，反对也行，都要说出自己的真实想法。”

“要得，我们不能等，不能靠，我们自己修！大家都说好，一旦开弓就没得回头箭，我们下庄人说话从不拉稀摆带（方言：拖泥带水）！”拿到烟的几位连烟都来不及点燃，往耳朵上一夹，撸了撸袖子挽了挽裤腿就站了起来，激动得想马上上工地。

赞成修路的越来越多了。有关修路的问题提得越来越实际也越来越尖锐了。

大家提出的问题很多，涉及政策方向的，就由驻村干部方四财给大家解释。方四财文化高、懂政策，村里人都服他。对于乡政府派方四财到下庄村驻村这事，毛相林一直都说，“方大学”是上级领导给下庄村派来的“智多星”，有了“方大学”在背后出谋划策，毛相林做起事来心里就有了底气，也更放得开手脚。

讨论得差不多后，毛相林作了最后总结：“我们这次开会，首先我们党员和村干部要统一思想，拧成一条心，我们在任何事情上都要起到模范带头作用，不能让村民戳我们的脊梁骨。再就是，我们要充分发挥各方面的能力，外面有关系的要去找外面的关系，争取更多的社会支持，钱和物资都可以。”

连续4次党员和村社干部会，大家的思想得到统一，一致认为这条路必须修，也有信心修好。

4次党员和村社干部会，将党的正确主张变为群众的自觉行动，下庄的生动例证充分发挥了群众路线的巨大力量，也进一步激发出下庄人对美好生活的向往。

所以，在巨大的困难面前，下庄人义无反顾地拿起锄头和铁锹开始修路了。

所以，在沈庆富和黄会元相继牺牲之后，下庄人的心都没有散，还要继续修路。

所以，在下庄天路修成之后，下庄人仍然在继续奋斗，拼搏在脱贫攻坚和乡村振兴的历史潮头。

毛相林曾说过，面对战友的牺牲，他的心里也有过动摇，也害怕过。但是，当所有人都把手臂高举，当杨元鼎倚着棺材站在长条凳上，声音哽咽却又高亢地喊出，“百分之百通过”，他的心瞬间又变得坚定无比，“有党员干部和群众给我扎起（方言：支持），他们就是我毛矮子的靠山，我还怕个啥？”

“我现在唯一怕的就是路修不成，愧对牺牲的他们，愧对下庄人对我的信任！”

赞　同

修路，对下庄来说是一件大事，而对下庄的每一家人来说，更是一件天大的事。

说实话，下庄人的生活不算太糟糕，但这个“不糟糕”也只能是吃得饱饭，手里却没有什么闲钱。根据村委会讨论，作为修路的启动资金，要按人头每人集资 10 元，全村 397 人可筹资 3970 元。当然，这只是启动资金，这笔钱连查勘费用都不够，后续还会陆续集资。修路，就资金而言，对每个家庭都是一个无底洞……

“如果大家按时交款，我们的启动资金就有了。更多的事，以后再讨论。如果大家同意，就举手表决。”在村民大会上，毛相林刚说完，全村人都高高举起了自己的手臂，齐刷刷的。

齐刷刷地举手，可每一家都有各自的困难，杨元鼎、杨亨双、袁堂清三家人，转来转去有点亲戚关系，会开完了，当他们走到一起的时候，不约而同都说家里总共还不到 20 元钱，“盐巴都吃完了，还没钱去买”，都还在盘算着准备找对方借一点周转一下……

到了约定的交款时间，下庄天路的第一笔启动资金 3970 元，一分不少，全部到位。

多年以后，村民们都还记得 1997 年那两次集资的细节。第一次，按人头每人集资 10 元，主要用于请人勘测路线；第二次又按人头每人集资 50 元，主要用于购买必要的修路工具以及三材物资。

集资消息一公布，家家户户的当家人都不约而同地在各自家中做同一个动作：翻箱倒柜看家里有几块钱或者几角钱，看看有什么东西拿出去卖了能换几个钱回来。

一分钱难倒英雄汉。怎么办？杨元鼎想到找舅舅和姨爹借；袁堂清想到找伯伯家借；还有男人马上去城里找个工地，扛木料扛水泥当力夫挣点现钱；还有女人在家收菜籽、芝麻，捡桐子米，把存着当主粮的苞谷也拾掇起来，让男人背去乡场上卖了换个现钱。

山里的男子汉们走数十里山路找人借个二三十元钱，脸红了一次又一次，话到嘴边，又把话吞回去。但是为了修路，堂堂的男子汉们顾不得那些了，他们向自己的“伯伯”“舅舅”“姨爹”诉说借钱的目的，诚恳地说等手里松动点的时候就尽快还上。好在他们的“伯伯”“舅舅”“姨爹”都对下庄村地形熟悉，也对下庄人充分了解，尽管对修路一事深表怀疑，但不约而同，都在下庄人最艰苦的时候伸出了援手。

王朝林没地方借钱。他每天早早地就去红岩湾、女儿阡等危崖上砍柴。低处的柴没有了，近处的柴没有了，只能去那些最危险的地方砍伐。好在到傍晚的时候能砍回 100 多斤柴火来，也能卖个两三元钱。

有的则就像毛相林所预计的那样，背着家里的腊肉或是小麦、苞谷，再攀爬上那条挂壁羊肠道，到路更远但人更多的骡坪乡去卖。

最为困难的吴国利一家也按期足额交了集资款。吴国利说：“修路我支持，我女儿永香、永翠还小，老婆眼睛又看不见，但修路是我们自己的事，我不得拉大家的后腿。”

每一位下庄村人都有一颗强大的内心，他们所有的努力都是想早点赶上外面发展的速度，与新时代接轨。

当毛相林说交款开始，话音一落，村民杨元玖就被妻子黄玉芝背着第一个"走"上前来，庄严而郑重地交出了下庄村第一笔修路集资款。

杨元玖是一只折断翅膀的鹰。他从空军某部退伍回到下庄村，又外出打工，在湖北打工时发生了事故，石头飞下来打折了双腿，胸椎以下没有一丝感觉，从此他的吃喝拉撒都离不开妻子黄玉芝的照顾。他曾经绝望过，特别是被捆绑在担架上抬下挂壁羊肠道，抬回了下庄，从此被困在这井底一般的下庄，所以他对修路有着一种特别的愿望，路修好了，就能想办法出去见自己日夜思念的战友了；路修好了，战友们到这里来看他也就方便了。路，在他的心里就是全世界，就是他失去的天空，就是活下去的希望。杨元玖坐在屋檐和地坝上听大家议论修路这件事，他高兴，他也有遗憾、失落和痛苦，他恨自己没有一双健康的双腿，恨自己不能和一同长大的兄弟们去工地。妻子黄玉芝安慰他说，"你不要着急，不要担心，我去修，我有力气！"

杨元玖对毛相林说："我们家虽然困难，我也出不了力，我只能在这个时候尽个心力。"当杨元玖交了第一笔钱后，后面的村民紧紧跟上来，接下来的 5 天时间内，一扎扎、一捆捆零零碎碎的人民币交到了村里。3970 元，一分不落，全部到位。

毛相林拿着村民筹集起来的钱，心里沉甸甸的。这是全村人的重

修路，得到了所有村民的赞同。孩子们在老师的带领下齐声诵读“大人流血修路为我们，我们读书为下庄明天”

骆勇　摄（1999 年）

托，这是责任、未来和希望，是下庄村走向幸福的星星之火。

这 396 个人为什么愿意“砸锅卖铁”，跟着毛相林去干这遥遥无期的事，将浸着血汗的钱去投入这无底洞般的事业中？不得不说，这 396 个人的眼睛是看着一个人的，他们在看毛相林怎么做。

当大家齐刷刷地举手表决同意集资方案后，毛相林回到家，母亲杨自芝就提醒他说：“儿啊！你们只要是把架子搭起了，那就是死也要修，活也要修，死活都要修。我对你只有一条要求，要修就修好，不能修到半截就不修了。很多事情看起来是好，做到半途而废的也多，多半原因还是干部出了问题，你是当村干部的，你要起到带头作用哟，很多双眼睛都盯到你的。其他我也不多说，我们家那就由我带头表个态，不拖你后腿，不给你找麻烦，不让人戳你后脊梁。”

老支书黄会洪也给毛相林转赠过“锦囊”，教他如何当好一名合格的村支书。他说，“我们共产党员是人，村支书也是人，是人就有三亲六戚，是人就有感情债，都有为难的时候，我也遇到过很多次回避不了的情况。但有几个原则你要坚持，这其实是毛主席在新中国成立初期给他自己定下的，‘念亲，但不为亲徇私；念旧，但不为旧谋利；济亲，但不以公济私。’这三条一定要记好。”

当真正遇到困难时，毛相林想起老支书转赠的“锦囊”，心里却不由得一阵苦笑，老支书真是多虑了，我哪有机会去搞那些“以公济私”哟，现在我还得“以私济公”才行。

工地犹如一只吞金兽，无论有多少物资和资金，只要一投入工地都不够。3970 元的集资款对于整个下庄的修路工程，无疑是以针挑土，这点钱紧巴巴的，只够聘请测绘人员。

毛相林说：“很多人都问过我，走出这条幸福路靠的是什么？我觉得最重要的是要有一种不怕苦、不怕难的精神。”

方四财说：“有很多人问过我，下庄人的精神中最触动你的是哪一点？我觉得最触动我的就是‘不等不靠’四个字。”

多助之至，天下顺之。在村民大会全票通过了修路的决定后，毛相林和方四财好像浑身有使不完的劲，党员和村社干部们也主动担当、积极行动，各司其职、各负其责。

3970元的首笔集资款到位后，毛相林和村干部一边联系测绘人员，一边向外联系，争取外援。

毛相林和方四财都知道做这么大的工程，没有炸药、雷管、导火线这三材物资根本就是寸步难行。可目前，村里连钢钎、錾子、大锤、二锤、箩筐、撮箕、扁担都缺，更别说口罩、手套、施工帽这些劳保用品了。一天，当两人谈到这个话题的时候忽然灵感一现，共同想到了县农业局局长朱崇轩。

时任农业局局长的朱崇轩管着农田水利基本建设，有雷管、炸药和导火线等物资。

朱崇轩早就领教过下庄那条绝壁上的羊肠小道。几年前，朱崇轩和他的同事们搞调研，被困在下庄村的这个108道“之”字拐的羊肠道上。天黑路陡，上不去，下不来。无奈之下，只好等村民们打着火把接他们下来。回城后，也曾有人提过给下庄修路，但那条路实在难修，只要是再想起那四周的绝壁，都不寒而栗，没谁敢真正实施。

朱崇轩知道下庄村人太需要一条通向外面的脱困路，可是他万万没想到下庄人凭一村之力就敢挑战如此高难度的事。听完毛相林和方四财对下庄村修路的打算，以及初步计划和工作安排，他被下庄村党员干部不甘落后、敢于承担，以及群众们不等不靠、敢闯敢干的精神所感动，当即答应援助10万元的炸药、雷管和导火线给下庄村，同时还可支援一些钢钎大锤之类的物资。

朱崇轩鼓励道：“你们修这一条路就要好好修，就要修成功，就要修得像一条路。我们农业局本来就有发展乡村的职责，援助这些三材物资也算是工作职责之内的事，但这些物资需要用到的地方太多，目前我也只能给你们下庄这么多了，和你们全村动员出义务工来修路相比，只是杯水车薪，这让我有些惭愧呀。”

10万元的物资对于修一条绝壁上的天路当然只是杯水车薪，但是对于毛相林、对于下庄村人来说，犹如一场久旱之后的及时雨，来得正是时候。

炸药运回来了，工地上炮声隆隆，山被一口一口地啃掉，路一寸一寸地在往前延伸，10万元钱也一点一点被消耗在这些石头上了。很快，资金就又出现了短缺。实在没有办法，毛相林决定回家，他心里打着妹妹寄存在妻子那里的3000元钱的主意，想暂时挪用到工地上。在下山的路上，他想起在村里商量修路时曾与妹妹发生的争执，颇为忐忑，“唉，如果不是实在没办法，谁会总是在一只羊身上薅羊毛啊！”

在决定修路时，村委会曾经商定：在下庄有承包地的，不管是谁，也不管是否在下庄居住，都要出义务工修路，不能来修路的就要给钱买工，每天20元。

毛相林更是在村民大会上说过狠话："谁不修路，村里就收回他的承包地，迁出他的户口，我毛矮子说到做到。"

这话说出来以后，村里人就看着毛相林能不能一碗水端平。毛相林的妹妹几年前就搬到县城做生意去了，除了逢年过节，很少回家。毛相林知道当领导必须带头，否则说出去的话就没人听。他特意到县城找到妹妹和妹夫，讲了村里的修路规定。妹夫一口回绝："我们搬出去这么久了，今后又不想回去住，修什么路？我不修！"毛相林道："你不修路可以，那就得出钱。"毛相林妹妹向着丈夫："我们搬走好久了，凭什么要我们出钱？"毛相林道："不修路，不给钱，那就收回承包地，这是村里的规定。"毛相林妹妹哼了一声，扔了一颗软钉子给哥哥，她说道："承包地收了才好，我正好可以不交农业税和提留统筹哒。"

毛相林和妹妹、妹夫关系一向不错，这一次却闹得不欢而散。毛相林犯了倔，两天后又来到县城，找到妹妹和妹夫。毛相林心里非常清楚，其实妹妹和妹夫说得也有些道理，毕竟搬出去多年，修不修路和他们没有关系，可是，能多筹到10元钱，这路就能往前面多抠出10厘米。

毛相林软话好话说了一大箩筐，把妹妹的心说软了，妹妹和妹夫其实也理解毛相林，他们认为哥哥说的话也有一些道理，毕竟自己是下庄人，还有承包地，下庄人修路，自己还是得作些贡献。只不过对于哥哥长期"窝里横"，凡是出钱出力的事都是自己家带头，享福的事自己家又排最后，心里多少是有些怨气的。这一次见面，一向硬骨头的哥哥终于说了软话，妹妹和妹夫心里的疙瘩自然也就解开了，拿出了1000元钱，对毛相林说道：“哥，上次是我们不对，虽然很少回下庄，钱还是要给的。”

妹妹一家已经交了钱，但现在又到了缺钱的时候，毛相林继续打起了妹妹家的主意。

妹妹拿了3000元钱放在嫂子王祥英那里，她心里很清楚，哥哥家里是没有什么现钱的，如果家里妈妈生疮害病，或者是侄儿侄女读书，需要应个急，这笔钱就可以方便使用。但实打实地说，这钱是妹妹的“私房钱”，事先是说好了的，是暂存在嫂嫂那里，她相信嫂嫂，不相信哥哥。

越是防，越是防不住，果不其然，毛相林还是打起了这笔钱的主意。

修路没钱了，毛相林给妻子说了“借钱”的事，向来支持修路的王祥英这次态度坚决：“不行，这是妹妹的钱，放在我这里的，我们绝对不能动。”

毛相林求道：“我们只是借，借了会还给她的。”

王祥英眼中掉泪，说道：“为了修路，每家每户已经借了钱，都没有闲钱了。娃儿正是用钱的时候，我们家里现在一点都拿不出来，如果再遇到个事情怎么办？你一年多没有管家里，收入也没有多少，回来就只晓得要钱。这个钱不能借，借了还不起，我没有办法给妹妹交代。”

夫妻俩最初还是心平气和地说，后来争吵了起来。

王祥英忍不住开始倒自己心里的委屈，她说：“你心里究竟还有没有家哟？你眼里还认不认得亲人二字哟？我弟弟家穷得叮当响，裤儿都磨得漏屁股了，人家方同志都看不过眼了，好心好意给你说，有一批社会捐赠的扶贫物资给到我们村里，他喊你给我弟弟家先选几条好一点的裤子，结果呢？你是一句都不听！方同志骂你无情无义，骂得对，你不是无情无义，你是狼心狗肺，只知道祸祸家里人！”

筹不到钱，工地要停工，妻子的唠叨更是让毛相林急火攻心，他忍不住吼了几句，还推了妻子一把。结婚10来年，毛相林很少和妻子吵架，更没有动过一个指头。王祥英见丈夫居然推了自己，愣了愣，随即哭了起来。

毛相林母亲杨自芝急眼了，抄起细木棍就打儿子，骂道：“矮娃子，你还有本事打媳妇？有我在，哪里轮得你来耍威风！”

毛相林被母亲赶出了家门。在门外，他听到妻子的哭声，想起妻子为这个家没日没夜的付出，想起即将停下来的工地，想起在悬崖上苦战的兄弟们，这个如大山一样强硬的汉子默默地蹲了下来，委屈得如一个孩子。

杨自芝是村里的老妇女主任，做思想工作有一套，做通儿媳思想工作以后，她把存折拿给儿子，说道：“下庄几辈人都盼着修一条路出来，已经修到这个份上了，不能熄火。等一会儿你给媳妇认个错，男人给自家女人赔个小心、认个错，不是事儿。你妹妹那里我去说。”

给妻子赔礼道歉后，毛相林没有在家里久留，怀揣存折，又沿着小道爬上山。

这 3000 元对于整个修路工程仍然是杯水车薪。

修路修了 1 年多，到了 1999 年年初，农业局捐助的第一批三材物资用完了，第二批价值 26 万元的物资还未运到，村民们的捐款也已全部用完。村民们生活艰辛，为了修路已经两次筹款，几乎家家都借有外债，再次捐款是不现实的。不管村民们修路的意志有多么坚定，可是没有炸药、雷管和导火线等基本物资，光靠大锤、钢钎、撮箕是奈何不了高高耸立的峭壁的。而且经过整整一年艰苦卓绝的努力，公路已经逐渐逼近鸡冠梁和私钱洞，这是最为险峻的地段，没有大量炸药根本啃不动这个险关，工地即将停工。

毛相林面对缺钱的困境心急如焚。若是筹不到钱，那么工作就要停摆，好不容易聚起的人心便会散掉，一旦散掉要想再次聚起来谈何容易。他坐在窝棚里，望着山下笼罩在雾气中的村庄，沉思良久，终于下定决心，把村委会主任杨元国和村会计杨元鼎叫到一起。

“没有钱哒，怎么办？”毛相林说话时眉头紧锁。

杨元鼎回应道：“为了修路，我们集资了两次，大家底子薄，好多人都是借钱集资。你把妹妹的钱都用了，我也到骡坪找他姨父借了300块钱。再集资，莫说他们拿不出来，我也拿不出来哒。”

杨元国沉吟片刻，说道：“老书记组织大家修上山的小路，修了两年，最后没有修通。如果我们这次停工，下次再修就难上加难哒。”

毛相林说：“工是不能停的，没钱，我们村干部就得想办法弄出钱来。”

杨元鼎是会计，最了解全村家底，他苦笑道：“我们几个有什么办法？就算是把我们杀了放血也值不了几个钱！”

毛相林一拍大腿：“我们贷款，用房子抵押。”

杨元国惊了一跳：“贷款？怎么还？还不起，房子就会被信用社收哒！婆娘晓得哒，还不跳起八丈高呀。”

毛相林态度坚决，说道：“我们就不要跟婆娘说噻，我们悄悄贷款。不修路，我们下庄永远都是穷光蛋，修通了路，有了赚钱门路，还钱就容易了。我相信修通了路，绝对还得起贷款。”

就这样，在即将停工的工地上，在最为险峻的私钱洞地段，3名村干部达成了一致，也作出了最为冒险的一个决定，以个人房屋抵押，到信用社贷款——毛相林贷款1万元，杨元国和杨元鼎各贷款5000元。

3名村干部虽然在下庄村是鼎鼎有名的大人物，在竹贤乡信用社工作人员眼里就是衣着破烂的“灰狗子”，怕他们还不起钱，对其贷款的要求爱答不理，没有好脸色。后来这事还是被方四财知道了，他也没有埋怨毛相林他们瞒着自己搞这一出，只是叹了一口气，找到信用社，用自己的公职人员身份担保，也就是用自己未来每个月能领到手的工资作了担保，这才把贷款办了下来。

有了这两万元救急，修路工程才得以继续下去。

有了这两万元，就能再买一点炸药回来，路就能继续修下去。至于这两万元用完了怎么办？路还能不能继续修？毛相林他们没有去想，也根本不敢去想，不愿去想，在他们的眼里，只有眼前这条路，这条路就是一切，路修通了，下庄就有了希望，路没修通，下庄人的心气就会散掉，再难聚起，下庄就会一直在井底。

为了修路，毛相林他们是自己把自己逼到了绝路上，已经孤注一掷了，如果不成功，或许就会“众叛亲离”，还会“流离失所”。

“村看村，户看户，群众看干部。”一位干部的威信树立是一个长期的过程，群众看的是他的能力，更是看他的品行。

侯长青是一名资深新闻记者，见过太多的人和事。他说，人格魅力是领导干部人品、气质、能力的综合反映，也是党的干部所应具备的公正无私、以身作则、言行一致等优良品质的外在表现。有的领导干部之所以在广大干部群众中威信高、影响力大，其中一个重要方面就是自身模范作用好、人格魅力强。

坚持原则、敢于担当是党的干部必须具备的基本素质。“为官避事平生耻。”干部担当的大小，体现着干部的胸怀、勇气和格调，有多大的担当才能干多大的事业，尽多大的责任才会有多大的成就。毛相林能被评为“时代楷模”，成为新时期共产党员的优秀代表，成为扎根基层一线的脱贫攻坚楷模，正是因为他有着这样的基本素质，能带领下庄人共同奋斗，修筑出了下庄天路，修筑出了下庄村的康庄大道。

正是由于毛相林铁面无私，凝聚了下庄人的人心；正是由于毛相林敢作敢为敢担当，给了下庄人修路的信心。

“毛矮子，我们听你的！”人心凝聚了起来，信心点燃了希望，下庄人举起了齐刷刷的手。

投　票

1998年8月12日，为下庄修路第一位牺牲者沈庆富下葬，竹贤乡党政领导和村民们一起为沈庆富送行，沈庆富的妻子痛哭流涕，年幼的儿子还不理解这人间苦痛，笑嘻嘻地抓扯着妈妈的衣襟，这场景让人见之莫不潸然泪下。

其实，最让人难受的还不是下葬的这一刻，这个时候毛相林的心已经痛得麻木了。前一天，当毛相林、方四财他们抬着沈庆富的遗体，就在要接近家门的时候，沈庆富的岳父刘恒玉踉踉跄跄迎出来，他对毛相林没有一句责骂，而是哽咽着说“谢谢你们把庆富送回来哒！”这句话比千把刀、万刃剑穿心而过更让人痛。

这句宽慰的话比叱骂更让毛相林难过，同时，也让他内心变得坚定，我们要怎么才能对得起庆富兄弟呀？

所以，在葬礼上，竹贤乡乡长曹栩神情沉重地问：“毛书记，路还能修吗？”

毛相林神情坚毅，回答道：“如果不修了，沈庆富就白死哒。”

“你们不怕……”

“到了这个地步，怕有什么用？生死有命，富贵在天。”

话虽然说得很硬，毛相林的心中却格外难过。他是土生土长的下庄人，熟悉每一个村民，沈庆富的牺牲让他心如刀绞，巴心巴肝地疼痛。作为村支书，他又不能让自己过于悲痛，还得鼓励大家，不能让此事泄了修路的士气，所有痛苦都只能深埋于他的内心。

葬礼之后，毛相林和村委会主任杨元国代表村“两委”来到乡卫生院看望受伤的易美金。出事时易美金和沈庆富一起在鸡冠梁路段作业，巨石从天而降，沈庆富被巨石砸中，易美金也被掉落的石块砸伤，所幸砸中他的石块不大，只是被砸倒在工地上，没有被推下数百米的深渊。

易美金见到毛相林和杨元国，没有叫苦喊疼，反而嚷嚷道："我躺在这儿不习惯，给我一服药酒回去揉一揉，吃点药就行了。"

毛相林坐在床边，也问了那一句话："石头偏一点就砸到你哒，你怕不怕？路还修不修？"

易美金很豁达，将生死看得很淡："我们在这样的地方修路，无异于从老虎嘴里拔牙，从阎王爷肚里掏心，玩的就是这条命。我不怕，还要修！我用点药，缓过这口气后就再上工地。"

毛相林文化程度不高，说不出"苟利国家生死以，岂因祸福避趋之"这样的话来，但他心里很清楚，信念坚定，是当好一个党员干部的首要标准。越是在大风大浪中，党员干部越要做坚定信念的表率。

如果说毛相林给了下庄人修通天路的信心，那么，易美金的态度也是多数下庄人的态度，他们也帮助毛相林再次坚定了修路的信心。村民们坚持在绝壁中战天斗地，下庄天路顽强地向前推进。修路初期的激情演化成看淡生死的坚韧，没有人退缩，没有人抱怨。

沈庆富的牺牲已经严重地刺激了下庄人，可是，俗话说"福无双至，祸不单行"，一个打击接着一个打击，更强烈地刺激着毛相林，刺激着所有的下庄人。

先是发现路线错了。

下庄公路整个线路是按照土专家邓顺全划定的路线在修，村民们越修越觉得不对劲。这段沈庆富曾经参加修建的工段与私钱洞穿过来的公路落差太大，根本无法进行连接。如果强行连接起来，也会由于坡度太陡而无法通行。

方四财回忆说，当初勘测之时，唯一的一个现代化设备就是一台半导体收音机——把天线拉出来，和收音机形成一个夹角，邓顺全举着收音机，通过天线夹角来判断坡度——没有现代测量工具，而且多数路段都是在悬崖之上，没有办法去进行实地勘测，所以，最初的公路施工图是毛相林陪着邓顺全爬到对面的山梁上，根据山势来确定的路线。这种方法测出来的路线自然是非常粗糙的，精度不够，在实践中就出了大问题。

经过反复确认，毛相林等下庄修路人只能无奈地承认，这条路修错了。

这是牺牲了沈庆富才打通的600多米路段，这是从坚硬的悬崖中用鲜血、汗水和生命开出来的600多米呀。这是花费了半年的时间、用掉了无以计数的义务工才啃出来的600多米呀。由于线路出错，现在，不得不废掉！

当毛相林最终宣布要废掉这一段公路，村民们满脸沮丧，灰心丧气。毛相林同样沮丧，作为村支书，他却不能将沮丧表现出来。他默默地蹲在地上吸了一根烟，站起身后，朗声道："大家别哭丧着脸，没有什么大不了。我去找交通局，请他们帮我们测量，测量完了，继续修。"

由于沈庆富的牺牲，下庄人修路的事引起了各方关注。下庄人战天斗地的豪气和不畏艰险的精神更是震动和感动了各方。

县交通局得知了他们的困难，当即派出最好的专业技术人员，带着现代测量工具来到下庄，帮助下庄重新测量公路路线。经过测量，县交通局专业技术人员重新规划了新线路。新线路在废掉的600米路段的上方90米处，并且还要通过延长路线来降低坡度。

新线路划出来以后，立即开工。

可又一个打击迎面袭来！1999年9月30日，国庆节前一天，上午10点，私钱洞工地，又一块巨石落下。黄会元牺牲了，这是下庄天路的第二位牺牲者，与第一位牺牲的时间仅相隔了50天。

毛相林得知噩耗，双腿发软，如果不是及时扶着岩壁，肯定就是一屁股坐了下去。他承受着所有下庄人相同的悲伤，也承受着其他村民所没有的另一种心理重负，他喃喃自语："黄会元是我打电话叫回来的，如果我不叫他回来，他就不会死哒。"

强烈的愧疚和自责让毛相林在瞬间产生了放弃修路的想法。但他随即坚强起来，没有在众人面前显示出内心的犹豫和软弱，他是大家的主心骨。他还得带着村民们下山去寻找黄会元的遗体。

▼村民们忍住悲痛，送黄会元最后一程（资料图片）

正在现场采访的记者侯长青听到消息后赶到出事的山谷。在他预想中，出了事，现场应该很混乱。但他来到山谷后却发现整个现场非常平静，村民们站在山崖下，没有哭泣，没有叫喊，沉默地守在同伴的遗体前面。村民们向记者讲述整个过程时，语气平静，这给了侯长青一种错觉，认为下庄人麻木。后来他才明白，这不是麻木，村民们是把悲伤深埋在心底，对修路的代价早有思想准备，这种沉默和平静是一种在极端恶劣环境下对生死的超然。下庄人不止一次说过，“宁愿牺牲一代人，也要为子孙修通这条路。”这不是一句大话，这句话是他们准备用生命去实践的诺言。

抬着黄会元遗体回到村里的这一路，毛相林百感交集，万般滋味涌上心头。黄益坤平时信奉的是“棍棒之下出孝子，黄荆条下出好人”，脾气急躁，儿女做了错事他劈头盖脸就是一顿打。

毛相林抬着木板走到最前面，做好了挨打挨骂的心理准备：不管黄益坤如何打骂，自己一定要克制和忍耐，打不还手，骂不还口。

黄益坤黑着脸站在门口，整个身子都在发颤，他面对抬着木板的毛相林，没有骂，更没有打，而是语调沉重地说道：“谢谢你们把黄会元找回来哒。”毛相林完全没有料到黄益坤会说出这样一句话来，毛相林终于控制不住感情了，如小孩一般“哇”地哭了出来。

黄益坤慢慢走到木板前，望着儿子，喃喃自语道：“不用买料了，就让幺儿用我的料。”

黄会元家很穷，尽管黄会元出门打过几年的工，但家里负担重，欠债多，仍然是穷得没有余粮。当晚，全村每一家各凑了点钱粮来帮黄家办葬礼。村民们都来到黄家地坝为逝者守夜，黄会元平静地睡在原本为父亲准备的棺木里，可谁能想得到呢，这是白发人送黑发人呀！

棺木旁边围着妻子杨自慧和3个儿女。老父亲黄益坤大悲无泪，说道：“修这么悬的路，不死人是不可能的。我觉得，我儿死得值得、死得光荣。”

路，是毛相林提议修的；黄会元，是毛相林叫回来修路的。这条路如果继续修下去，还会不会死人？谁都不敢保证。

此时此刻，毛相林背负着巨大的压力，他心怀自责，他无法承受。

毛相林请黄会元的父亲说两句，老人一开口，长长地叹了一口气：“我们这个地方这么苦寒，我们是数十代的人，受了这么多年的辛苦，我还是希望广大群众，哪怕我儿子黄会元死，还是要努力一把，只增一把火，我们公路就修通了，就摆脱这个贫困了。”

老人讲得很慢，而且不流畅，但分量很重，现场出奇地安静。

毛相林打破了沉寂，他站在黄会元的灵柩前，抬头看看头顶那被绝壁的轮廓线圈箍出来的星空，然后又把目光投向灵柩，他用嘶哑的嗓音对全体村民喊：“50多天前，26岁的沈庆富死了，我们依然在修路。

灵堂上，村民们齐刷刷地举手，喊着同一个字：“修！”　骆勇　摄（1999年9月30日）

今天，36岁的黄会元又死了。我……我在这里再次问问大家，这路到底是修还是不修？大家举手表决。”

“赞成继续修的举手，请村会计点一下人数。”方四财的话音刚落，现场发出了一阵嗡嗡声。

让人意想不到的是黄会元的父亲黄益坤第一个站了出来，高举着手：“公路不能停，要继续修。”

“修！”全体村民没有丝毫犹豫，纷纷举起紧握的拳头。

四周绝壁环绕，天上繁星点点。天坑底部，300多人围着一口棺材高高举起手臂。众人喊出来的“修”字汇合在一起，在四周的绝壁间久久回荡。

多年以后，我们仍然能从当时所拍摄的视频中看到，村民们齐刷刷地举起了手，一个剃着光头的壮汉甚至举起了双手。

会计杨元鼎倚着棺材，站上长条凳，看了看灵堂四周，点着手指数了数，很快就报出了统计结果，他的声音哽咽却又高亢：“百分之百赞成！百分之百！”

毛相林性格坚强，再苦再累都不喊不叫，但是，在修路以后他哭过数次。今天看到竖立如林的手臂和男男女女、大大小小的村民们坚定的神情，泪水又唰唰往下流。这一刻，他暗自发誓：“我毛矮子对天发誓，一定要将路修通，不修通不罢休。”

白发人送黑发人，这是人生一大悲，黄益坤这个平时对儿女很强势的父亲自从幺儿牺牲以后就夜不能寐，强撑着身体。

黄会元下葬之后，黄益坤抑制住悲伤，对记者讲述道：“我们这个公路是我们自己要修的，从老辈子开始，几十代人都爬那个岩走那条羊肠道。现在修路。儿子死了，不是说我不心痛，心痛又有什么用？他又活不过来。在我儿没有死之前，我不敢说这句话，修这么险的路，死一两人有什么稀奇。毛主席说过，死人的事情是经常发生的，人固有一死，或重于泰山，或轻于鸿毛，我儿子死了，他死得光荣，他的死总可为下庄造点福。”

这一段话全是黄益坤的内心话，他对着摄像机脱口而出，而闻者无不动容。

第二天，国庆节，村民们安葬了黄会元，又上了工地。

多年以后，方四财回忆起当年修路的事，他说："那个时候我们只看到自己在修路，没有去看、去问、去想，其实在那个时候，同样在修路，同样因修路而死了人的绝不只是下庄这一个地方。只不过下庄的不同之处在于，这里死了人我们还在继续干！这么多年，我一直在想，在寻找那个'百分之百'的答案，大家能继续干下去，能在牺牲者倒下的地方站起来继续往前，这是一种对修通下庄天路的极度渴望，也是这里的群众对我们党员干部、对村支书毛相林同志的极度信任——因为老矮自始至终都和我们站在同一条船上，划桨时，他不惜力，没有少划一下；遇险时，他站在船头，迎接风浪。"

在下庄人事迹陈列馆的广场前立着一块石雕，上部分刻的是6位牺牲者的名字，下面刻着102位参与修路的村民代表的名单，这个名单更像是幸存者名单，因为他们只要是到工地去的，人人都做好了牺牲的准备。

艰难七年

牺牲者

勤劳勇敢的下庄人，历时7年，用血肉之躯在垂直的绝壁上凿出了一条8公里长的挂壁天路，实现了几代下庄人出山的梦想。在修路的过程中，先后有6位村民献出了宝贵的生命，有的人连一张照片都没能留下，但下庄人永远会记得这些为了修路而牺牲的下庄英雄。

在下庄人事迹陈列馆的广场前立着一块石雕，形似一本打开的大书，左边一页简要介绍了修路的过程，右边一页则是一个名单，上半部分是“为修筑下庄天路牺牲的村民”，他们分别是沈庆富、黄会元、刘从根、刘光周、向英雄、吴文正，下半部分是 102 名参加修路的村民名单，每一排有 5 个人名，第五排第 5 个刻的是毛相林的名字。

整个名单上没有方四财的名字。方四财是驻村干部，修下庄天路时，他滴在工地上的汗水不比任何一个下庄村民少。

方四财淡然一笑：“因为我的户口没在下庄，这个名单上没有我，很正常。”

他说，没有刻上名字的还有很多人，要说修路，下庄村每一家每一个人都是出了力的，而且上工地的也远不止这 108 人，这名单上的是每一家出的一个代表。

“上面的是牺牲者名单，下面的名单更像是幸存者名单，因为他们只要是到工地去的，人人都做好了牺牲的准备。”

“在下庄的五天四夜，我们都在一次次震撼和感动中悄然度过。”

跃上葱茏九百旋，驱车直上巫山巅。1999 年 9 月 29 日下午 4 时，万州移民开发区党工委宣传部派出的宣传小组一行 7 人赶到了下庄修路工地。眼看着万丈悬崖，云飞雾卷，炮声隆隆，灰烟腾涌，脚下是深不见底的峡谷，面前是摩天绝壁上蚂蚁一般的人儿。

摄影记者放好脚架进行现场拍摄。为了取景，记者站在悬崖的边沿，周围的人虽心惊肉跳，却不敢惊呼，村委会主任杨亨双则咬紧牙，双手紧紧地抓住他的皮带。

虽然镜头没有捕捉到，但侯长青的心里一直存有这样一个画面：远处，一顶黄色安全帽特别显眼。

这一群修路的人个个都像灰狗子，身上和头发上沾满了白色的石粉石灰。拍拍灰，就能看清他们的服装，没有工装，也没有劳保服，就是日常的穿着，和下地做农活没什么两样。只有那顶黄色安全帽，才使得这里看上去像一个建筑工地。

摄影记者和摄像记者自然不会放过这顶安全帽了，他们来到了鸡冠梁工地，记者们又有新发现，他不仅戴着安全帽，而且还穿着一双看不出本色的回力运动鞋，正端着他自己买的凿岩机突突地钻炮眼。炮眼里的岩石灰朝外扑，溅得他一脸一身。他的衣服也有特色，破破烂烂，大洞连着小洞。在摄影记者的镜头里，他脚呈弓步，腿上青筋鼓凸，站出了力的写意。

这就是黄会元。

在休息的间隙，对着记者的摄像机，黄会元憨憨地笑："我做过一个梦，车子都能开到我家门口哒……修路肯定苦噻，苦是苦哦，想脱贫致富嘛！其实修这条路，我们这代人也享受不到什么，但也要去做，主要是为子孙后代造点福。"

这句既说不上积极也说不上消极的话让方四财听着不舒服，等记

▶ 黄会元（右二）和工友们在工地上休息，那顶唯一的黄色安全帽引起了记者的注意

骆勇　摄（1999 年 9 月 29 日）

者关了机器，站在旁边的方四财就把黄会元拉到一边，拉长着脸：“你啷个打胡乱说哟，啥子叫‘这一代享不到福了’？路修好了，你也有享不完的福。以后莫这么乱说话哒！”

令方四财想不到的是，黄会元说的这几句话，以及他戴着安全帽浑身是灰的形象，完完整整地被装进了摄像机里，成为下庄天路修建过程中最重要的影像资料，也成为黄会元留在这个世界上的“绝唱”。

第二天，1999 年 9 月 30 日上午 10 点，7 名记者从竹贤乡乡政府出发，走到半路，峡谷里突然飞出 5 只老鸦，一声声凄厉的惨号，盘着危险的凶兆。正在这时，在云雾隐现的高岩上有人惊悸地呼喊：“黄会元失格了（方言：出事了）……”

侯长青赶到了私钱洞工地，往黄会元跌下深谷的地方看，岩边还有黄会元的鲜血，在阳光下特别刺眼。

死亡，是一直笼罩在下庄村每个人心里的阴影，这不是指修路所带来的危险，而是这险峻的山，村民们在进山、出山，他们所走的每一步，都时时刻刻与死亡相伴随。

这些年里，为进出村子，下庄村就摔伤了 60 人，摔残了 15 人，摔死了 23 人，每一个数字后面都是巨大的悲伤。

当毛相林召集开会说到修路的事，毛相斌就在会场说起了他的弟弟："我弟弟大名叫毛相贵，小名牛娃子，9 岁那年到郎坪山舅舅家去耍，哪知道他回来的路上走错了路，路不熟悉，一脚就摔下岩了。这些年，我常常想起他小时候喊妈喊哥的声音。想起都好惨啊，那天我和毛相林、袁孝恩、毛相奎还有袁孝喜找了几天几夜，先是只找到了牛娃子的一只鞋，后来才在高高的碑梁子下面的一个半岩上找到了他的遗体。"

而修路和日常在山崖间的行走又有不同，村民们要在无法立足的地方干活，有些施工的地方可是接近 90 度的悬崖，险到什么程度呢？连野猴子也时有摔死。

为了修路，猴子去不了的地方，人还是要去，无法立足，那就腰系虹绳从山崖上方悬吊下去。在下庄，村民们把悬吊施工人员的绳子叫作"虹绳"。虹绳并不是红色的，只是在粗棕绳上绑一些红布，一来讨吉利，二是防止野生动物袭击。绝壁是鹞鹰的领地，它们只要看到绝壁上有人，就会成群结队地围攻，用坚硬的翅膀去砍绳子。鹞鹰抓人啄人更是常有的事，被啄上一口，那就得掉一块肉。只要拴上红布，鹞鹰就害怕不敢来了。绑一些红布，村民们似乎心里也安稳了一些，似乎死亡就能离他们远一些。

村民们并不是不畏惧死亡，而是无处可逃，他们的生存就是和死亡相伴生的。而修路，明知道施工所存在的各种不可预测的风险，但下庄村的村民们反而心里踏实，因为这条路一旦修通，死神也就会彻底地远离下庄，下庄人，下庄人的后代，进村出村所走的路都将是安全的，这是他们能所看到的未来。

“为有牺牲多壮志，敢教日月换新天。”毛相林说，“我们中国革命的成功，不就是用无数烈士的牺牲换来的吗？从开工的第一天起，下庄人就义无反顾。”

如果要更严谨一点，向死而生，应该是从开始考虑施工的那一天就开始了，所有人都对面临的死亡的威胁有所考虑，只不过都不知道这个厄运会何时降临，会落在谁的命运里。他们在实际的行动中采取了回避的姿态，没有任何一个人向毛相林提出“如果施工中伤了人死了人应该怎么办”的问题，毛相林自己也采取了回避的姿态。

或许只有毛相林的母亲杨自芝把这个担忧明确地向儿子提了出来。

她知道儿子性格比自己还要倔强，越是说他干不成，他越是要去干。只是修路的事情太大，几任书记都干不成，她相信儿子，但仍然疑虑重重，望着身前神情坚毅的儿子，她沉默良久，说了一句："你可以修路，记住别死人，死了人，你不好给乡亲们交代。"

修路工程刚刚开始，村民王先银在工地上撬石头，不小心摔进5米深的鱼儿溪河坝里，送到医院检查，肋骨断了一根。杨自芝得知这个情况，对着毛相林嗔怪道："几个支书都修不了路，你要逞能。路才修这么点点就有人受伤，你硬是要把人整死才罢手？"

毛相林知道母亲是为自己好，如果修路死了人那是真不好向村民交代。他性格倔强，没有被眼前困难吓倒，对母亲说道："路修不通，下庄就没得发展。好不容易起了头，不能说停就停。"

杨自芝叹了一口气，说道："你现在是骑在虎背上，不修也得修。不听老人言，吃亏在眼前。"

毛相林道："遇到这么点困难就退缩，不是我的性格。我们下定决心要把路修通，大家在一起发了誓的。"

知子莫若母，杨自芝深知儿子这九头牛都拉不转的性格，又叹了一口气，说道："私钱洞和鸡冠梁那边更险，千万要小心，千万别死人哟。你等会儿去给王先银家里好好说说话，别人骂两句，不要还嘴，要听到。"

其他村民又是怎么看待与修路相伴随的死亡呢？

在湖北京山，黄会元向妻子杨自慧提出要回下庄修路，杨自慧有自己的想法，不情愿，她说话也很直接："修路要死人，你不怕？"

说到死，谁不怕呢？可黄会元说："不修路怎么办？不修，子子孙孙永远都没有出路。我们修路是为了后代子孙，让后代享福。"

村民们并非不知道修路的危险，并非不畏惧死亡，他们对修路有可能付出的代价其实是早有思想准备的，只不过在这种极端恶劣的环境下，他们对生死有一种特别的超然。他们不止一人说过："宁愿牺牲一代人，也要为子孙修通这条路。"这不是一句大话，而是他们准备用生命实践的诺言。

毛相斌说："我同意修路！不管死活，不管死后是啥样子，我都要去修路。路修好了，以后回家，娃娃们就不会迷路了。"

毛相斌的眼里，有泪，有痛苦，有坚定和信心，这是下庄村人历经磨难与艰辛后要改变贫穷落后的意志和决心。

村民们在施工作业时，身下是数百米高的悬崖，头顶是被放炮震松的山石，而放炮时，更是岩石乱飞，有些崩出来的石头碰到对面的石壁还要反弹回来。如此恶劣的施工环境，危险随时可至。

特别是在鏖战私钱洞和鸡冠梁的时候，这是整个修路工程最早面对的"硬骨头"，也是整个工程最为险峻的地段。由于这一段的施工条件过于恶劣，头顶山石在没有放炮时都会往下掉，放炮炸石后更是随时下坠。

被石头打到的村民很多，大家都是轻伤不下火线，杨享华、彭仁松等人都是包扎好伤口又上悬崖。

决定修路前，毛相林和老支书谈过心。老支书思索了半天，语重心长地给了毛相林 4 条意见：一是要坚持，不能半途而废；二是必须要保证村民的安全；三是光靠下庄人集资是无法修通道路的；四是作为一名村干部，必须要争取上级单位的支持。

毛相林牢牢记住老支书的话，在修路期间，时常琢磨老支书说过的这四条意见。

第一条完全做到。如今村民们意见统一，态度坚决，出钱出人，积极主动。

第三条也有了出其不意的效果。《万州日报》的记者覃昌年和侯长青先后来到竹贤乡，他们把下庄人修路的事迹进行了报道，社会各界开始关注下庄修路，社会捐赠也纷至沓来。

第四条基本做到。虽然下庄人不赞同乡里先修阮村公路的号召，但是在下庄天路开始建设以后，骡坪区委和竹贤乡党委还是给予了大力支持。4 月，竹贤乡组织全乡干部到工地慰问。5 月，骡坪区委领导同志来到工地，表示要帮助他们努力争取资金的支持。

可就是这第二条却很难做到。陆续有村民在施工中受伤，有数次险情发生，一次又一次，滚石都是擦身而过，若稍稍偏一点，后果不堪设想。虽然毛相林在每次施工前都千叮咛万嘱咐，反复检查安全设施，但是，他望着高悬于头顶的片状岩石，他的心一直悬着，根本无法落下来。

毛相林来到王先银家里，很内疚地向王先银的母亲讲了她儿子摔伤之事。

王先银母亲大度地说道："矮娃子，这事不怪你们，是先银他自己不小心，你们不要担心。他这个娃子平时做事就是毛毛躁躁，唉，现在得了教训哒，看以后会好点不？"她也再三叮嘱："矮娃子，山太陡了，你们以后修路一定要小心，有事无事都要多拜拜菩萨。"

听了王先银母亲的一番话，毛相林很是感动，有这么好的村民，一定得把路修好。

从王家出来，毛相林回到工地上，他召集杨元国、杨元鼎、杨亨华、袁孝恩等村社干部召开了安全生产会，制定了更细的施工安全生产措施。随后，所有工段再次召开安全会，讲了安全生产细则。

在崖上施工，只要小心一些，摔伤等事故还可以控制。但是，在悬崖上开路必须放炮，放炮必然震松岩石，山石飞落没有任何预兆。当时的施工环境以及施工设施设备，根本没有防飞石的能力。无奈之下毛

▶ 村民们白天修路，晚上睡在半山腰 （资料图片）

相林只能嘱咐大家千万要小心，多观察上方岩石的情况。

尽管大家都很注意安全，可是在绝壁上施工，稍有不慎，受伤难免。村民刘道珍在悬崖上打炮眼，一方石块落下来，砸在他的身上。身下是万丈深渊，刘道珍强忍剧痛，死死抱住岩石上的飞钻，这才幸免于难。

最不愿意发生的事情还是发生了！这一天是 1999 年 8 月 10 日。

前一天晚上，毛相林、沈庆富等人晚上住在鸡冠梁的临时窝棚里。忙碌了一天，夜幕降临以后，终于可以歇一口气了。沈庆富只有 26 岁，精力最旺盛，这一天他也一改往日的腼腆，明显地有些兴奋，他拿出扑克，提议大家一起玩。夜晚无事，打扑克是村民们在悬崖上最主要的娱乐方式，可以让紧绷的神经放松。

毛相林便调亮煤油马灯，放在一块平整的石头上。大家围在一起，在险峻的大山中开心地打起扑克，还相约打输的一方第二天到竹贤乡去打点酒来办招待。

打完扑克，村民们就在鸡冠梁陡峭山腰上沉入梦乡，每个人的梦都很香甜，谁也不会想到第二天将出大事。

太阳升起，爆炸声再次响起。这本就是一个平常的日子。

沈庆富找到毛相林：“毛书记，今天做完，我要请两天假。”

听他喊“毛书记”，毛相林扭头多看了他一眼：“看你羞羞答答的，啥子事嘛？”

沈庆富脸红了，嗫嚅道：“听说我老婆从广东回来了，明天我要到骡坪去接她。”

毛相林笑呵呵地拍了拍他的肩，点了点头，给他准了假。

修路工程是一个萝卜一个坑，沈庆富和村民易美金被安排在一起搭档，在鸡冠梁路段撮炸碎的石头。沈庆富想到要请两天假，会影响到本工段的进度，为了不影响进度，这一天他气都不歇一口，一直干到晚上 6 点半左右，此时天已经是擦擦黑了，该收拾工具和清理作业面了。等一切都收拾完，沈庆富或许会冒险找小路，摸黑上山去往骡坪，或许会摸黑下山先回趟家，和久未见面的儿子亲热一番，第二天再带他一起去骡坪。杨亨平说，按沈庆富的性格他绝对不会冒险上山或下山，他是一个非常小心谨慎的人，文静得像个姑娘，他还是会和我们一起住在工地的窝棚里，大不了第二天天没亮透就起床，好好洗洗脸，擦擦身子，梳一梳头发，然后出发。

谁也无法知道真实的答案，因为谁也没想到，这个时候头顶突然传来轰隆声，几块巨大的岩石从天而降，砸向鸡冠梁路段。这一次，幸运没有再眷顾下庄，没有眷顾他们，沈庆富被巨石砸中，没有留下只言片语，如树叶一般落向山底。

沈庆富永远倒在了工地上，丢下了久未见面的妻子和两岁多的儿子，成了下庄修路牺牲的第一人。

崖上撕心裂肺地惊呼突然就唤醒了群山，回声在山间荡漾，群山在悲号。

毛相林、杨元国等人拼命赶向出事工地，探头朝下看，只能看见一堆乱石在山底。从这么高的地方被岩石砸下去，任何人都难以幸存。尽管如此，毛相林还是心存侥幸，抱着万分之一的希望，急急慌慌地冒着危险从另一条道艰难下山。来到山底天已经黑透，这周围如井壁的山把星光都遮蔽在了外面，让山地黑得更加彻底。山顶的滑坡仍然在持续，山石从数百米高处不断滚落，扑簌簌的落石声在山谷里变奏出巨大的回响，令人毛骨悚然。

快到谷底了，借着火把上的光，毛相林远远就看到了摔落在谷底的沈庆富。昨天晚上，大家还在一起高高兴兴打扑克，今天就阴阳相隔，毛相林悲从心来，步子加快了，也变得踉跄起来，他想要到近前去看看，如果他还活着……即便没有了这万分之一的希望，他也想尽快将沈庆富的遗体收殓起来，这山谷里的夜很凉，自己的兄弟躺倒在这山谷中，会很冷。

几个村民拉住毛相林，不让他继续往前。

杨元国指了指崖上，说道："上面还在滚石头，你不能过去。"

毛相林指着谷底，悲痛地说："沈庆富在那边。"

方四财也红着眼，劝道：“现在过去太危险！等滑坡停了才能去。我们可不能再把其他人也搭进去哒！”

在众多村民的劝阻下，毛相林停下了脚步，瘫坐在地上。

夜渐渐深了，村民们没有离开，就在一侧的山脚生起一堆火，默默守候着已经牺牲的沈庆富。滑坡持续了整个晚上，天亮时分才平息。村民们找来了木板，把身体摔得变形的沈庆富抬到木板上。沈庆富是刚满26岁的身强力壮的年轻人，捡拾起来放到木板上，大家这才发现他整个人都短了一截，不成形状。毛相林整晚都在强作镇静，但是看到门板上的沈庆富，终于忍不住了，泪水一颗颗滚落下来，打湿了胸襟。

沈庆富是骡坪镇沙坪村的人，家中排行老幺，1995年来到下庄生活，是“上门女婿”。修路开始以后，妻子外出打工赚钱，他上山修路。原本夫妻要在今天相见，谁知他却永远倒在了工地上。

家人不敢将沈庆富去世的消息告诉他的老母亲，只说沈庆富受了伤。老母亲听说幺儿受了伤，拿着鸡蛋、白糖就要前往从来没有去过的下庄。老母亲原本不敢走下庄的那条108道拐的挂壁羊肠道，看望儿子的急盼心情让她战胜了恐惧，在众多年轻人的帮助下，她花了3个多小时才从山顶来到下庄。这一路上，看着沉默的年轻人，她总觉得有些不对劲，心里莫名慌张。来到村里，老远就听到锣鼓和唢呐声，随后又看到有人搀扶着穿着孝服、抱着孙子前来迎接的儿媳妇，老母亲明白了一切，甩开众人的搀扶，踉踉跄跄往前冲，冲进了灵堂里，她扑向棺材，哀号一声，昏死过去。

8 月 12 日，下葬当天，竹贤乡党政领导和村民们一起为沈庆富送行。

竹贤乡乡长曹栩神情沉重地问道："毛书记，路还能修吗？"

毛相林神情坚毅："如果不修，沈庆富就白死哒！到了这个地步，怕有什么用？生死有命，富贵在天。"

话虽然说得很硬，毛相林的心中却格外难过。他是土生土长的下庄人，熟悉每一个村民，沈庆富的意外死亡让其心如刀绞，巴心巴肝地疼痛。作为村支书，他又不能让自己过于悲痛，还得鼓励大家，不让此事伤了修路的士气，所有痛苦都只能深埋于他的内心。

方四财说，从那一天开始，他就觉得毛相林的眼睛有了一些变化，他的目光里多了几分狠劲，这个狠劲可以剜穿山石。

村民们坚持在绝壁中与山石鏖战，下庄天路也一寸一寸地向前推进，修路初期的激情演化成看淡生死的坚韧，没有人退缩，没有人抱怨。

侯长青的报道让世人知道了沈庆富，也让世人知道了下庄人战天斗地的豪气和不畏艰险的精神。

县交通局派出专业技术人员，带着现代测量工具来到下庄，帮助下庄重新测量公路路线。新线路划出来以后，毛相林还是按照一、二、三、四社将新线路分成4个工段，各工段再将责任区划到每个人，同时开工。

侯长青又一次来到了下庄，这次与他同行的还有万州移民开发区党工委宣传部的新闻科科长和另外5位记者，对下庄进行立体式采访。

他们就这样与黄会元相逢在工地上。这个工地处于最为险要的私钱洞与鸡冠梁之间。

时隔20年后，当年的年轻记者也已鬓角染霜。在这20多年里，侯长青跑遍了巴山渝水，记录下了太多可歌可泣的人物和事件，但对于这一次的采访，是最难忘怀的，每一个细节他都记得，因为在这一次采访中，他目睹了一个生命的消逝。

他回忆道，下庄村在一个四面环山的坑底，整个村庄就像一口巨大的井。站在井沿看下庄，阡陌纵横，一行行绿色作物组成有节奏的图案，低矮的农舍零星散布其间。记者们进村走的是当地人称的“大路”——其实也就是一条挂壁羊肠小道，弯弯曲曲，陡峭难行。不夸张地讲，是记者们所走过的最惊险的路，现在想起来都还两股战战。

那哪是路啊！有的路段就“挂”在悬崖上，全靠揪着树藤爬行。

有一段特别险，凿在绝壁上，宽不足尺，下临深渊，却没有护栏、铁链，哪怕是一根绳索的防护也没有。为了能顺利通过，村里的赤脚医生杨亨华专门准备了葡萄糖针剂，现场敲开，让记者们喝。下庄人觉得葡萄糖是最好的稳心之物，喝了不会心慌气短。侯长青他们是面贴绝壁，两手张开，抠着石缝，一点一点地挪过去的。村里人说，几乎每年都有人在那条路上丧命，连猴子都有摔死的。

▶ 记者们在村民的帮助下前往施工现场采访　　骆勇　摄（1999 年 9 月）

侯长青也是土生土长的巫山人，家在巫峡中，背后也是高耸的峭壁，也有羊肠道可攀援上行，但好在前面是长江，还可乘船从水路出村。说起自己的老家，侯长青也直摇头，出行太难了！而这次下庄之行，他才体会到了“山外有山”“难上加难”，他从心里对下庄人想修一条路出来有着强烈的共鸣。

9 月 29 日上午，记者来到私钱洞公路施工现场，这里绝壁千仞，深渊万丈。远远望去，有几个黑点在绝壁上晃动，摄像机镜头推上去，能看见 3 个村民双手撑在背后的乱石上，用脚把岩石一块一块地蹬下几百米的悬崖，没有保险绳，没有安全帽，随时可能被身后滑动的岩石砸下悬崖。1 个多月前，村民沈庆富就是从悬崖上摔了下去，把 26 岁的生命定格在了鸡冠梁的山崖上。

是什么让下庄人铁了心地要修这条路？记者在采访中不约而同地都在思考这个问题，他们强烈的内生动力来自哪里？

下午 5 点多钟，工地上的村民开始收工，记者拉住几位村民聊了起来。

记者：“你们修这条路很危险！”

村民：“是有点，修路就是这个样子哒！”

记者：“听说前不久还死了一个人？”

一个戴着黄色安全帽的村民站起来指着不远处说：“就是从那里下

去的。”说完他又指了指旁边的一个村民：“我们这里有好几个都是到阎王那里打了个转身回来的。”

戴黄色安全帽的正是黄会元，他长得敦笃，是下庄不多的几个出去打过工、见过世面的人之一，脑瓜子灵活，不害羞不结巴，谈吐也得体，是非常合适的采访对象。摄像记者心里一动，直觉告诉他，眼前的这个村民一定是很有故事的人，他就把摄像机对着黄会元，开始与他聊。

摄像机镜头中的黄会元穿着破烂的衣裤，一头须发被钻机溅起的粉尘染成了灰白，记者对他调侃道：“你这个样子如果是当演员，上台扮演 80 岁的老汉就不用化装了！”

他自嘲道：“你们干脆直接说我像个灰狗儿还好些！”

“你们下庄很封闭是不是？”

“不瞒你们说，像个岛一样。”黄会元一边说，一边用手指向云里雾里的下庄村。

记者：“你家里几口人？”

黄会元：“6 口。”

记者：“超生了哦？”

黄会元：“家里有老的和我们住在一起的。”

记者：“你是修路积极分子？”

黄会元：“算是嘛。修这个路，是给我们自己修，在给我们的娃儿们修，大家都积极。”

记者：“你们为什么要修这条路？”

黄会元：“脱贫致富嘛！其实修这条路，我们这代人也享受不到什么哒，主要是为子孙后代造点福！”黄会元抽了口烟，漫不经心地回答。

为什么要修路？记者们就这个问题反反复复问了很多下庄人，他们的回答大都与黄会元差不多。此时，侯长青也就突然明白了，下庄人既是在修筑一条通向外界的路，也是在为子孙后代寻找一条长远发展的出路。

摄像机记录下了记者与黄会元的对话，但让所有人都没想到的是，这竟是他留在世间最后的音容笑貌。

当然，在所有人的心中，也一直存留下了这样一幅画面：一位头戴安全帽的中年汉子头顶岩石，手持钻机，腿向后蹬，猫着腰全神贯注地凿石钻炮眼，白色的石屑粉尘如雪花漫天纷飞，渐渐模糊了画面。

第二天，9 月 30 日上午 10 点，黄会元与村会计杨元鼎商量了一会儿，准备打一个大炮，将寨子塆的那一壁岩石炸下来。岩石太坚硬，黄会元刚钻了不到半米，凿岩机便钻不动了，当他正准备换工具时，一块巨石落下。黄会元来不及喊出一声，就被巨石推下了数百米的山沟，无声无息消失在工地，只留下一点血迹。

记者侯长青此时恰好就在附近，眼睁睁看着巨石裹着黄会元坠向深渊，他震惊得无法动弹。从私钱洞工段到谷底垂直距离有 100 多米，摔下去绝无生还可能。等他回过神来，手里紧紧地抓着藤蔓，半探身子从鸡冠梁朝下望，只能隐约看到一顶黄色安全帽。

另一个记者覃昌年正在四社工段，四社社长杨亨华听到云雾间传来的呼喊“黄会元失格了（方言：出事了）！”他拢起双手朝云雾中喊：“啷个哒（方言：出了什么事）？”云雾间答道：“从私钱洞摔到沟里。”从如此高的地方摔下，是块铁都会摔碎，所有人的心里都冒出一股寒气。杨亨华丢掉手里工具，撒腿就朝私钱洞方向跑去，他身后越来越多的村民也跟着朝出事点跑去。

宣传小组中的黎延奎也作了详细的记录。当天，黎延奎扛着摄像机继续到工地拍摄，开山的炮声、飞溅的岩石、延伸的公路一一被收入镜头。上午 10 点左右，山下的毛坯公路上，两个村民在急速地奔跑，嘴里喊着：“失格了！失格了！”黎延奎扛着摄影机赶到私钱洞工地的悬崖边，一群村民已经围在那里。有人说“黄会元下去了，就在几分钟前，他被头顶上的一方巨石砸下了山崖，都没来得及发出一声叫喊”。现场，落石与山岩连接的部位还是湿润的，地上的一块岩石上留下了一道六七厘米的血迹，就像是一个惊叹号。黄会元使用过的凿岩机静静地躺在一边。

黄会元出事时，杨元鼎就站在他的旁边，当时他正在除渣：“一块拳头大的石头突然落下砸在我的手上，我本能地闪向一旁，一方巨石猛地砸下，打在了刚才我们站立的位置，等我扭头看，黄会元已经不见了。”

杨元鼎惊魂未定，只说了这么两句，给周围的村民和记者简述了情况，然后他突然噤声，此时，整个工地也都瞬间哑然，只有入了秋的蝉还在嘶哑地鸣叫。

侯长青转过身，私钱洞工地临近悬崖边，他看见与黄会元同一个工段的二社社长袁孝恩和另外 5 名村民齐刷刷朝着悬崖外跪了下去。赤裸上身的汉子们眼里满是泪水，却没有掉落下来。他们手持平常点炮用的香，跪朝着黄会元坠落的方向，黝黑的脸上写满悲壮和坚毅。职业本能，记者骆勇端起了相机，按下了快门，此时他已看不清取景框里的画面，因为他的眼里早已噙满了泪水。

毛相林和方四财迅速带人赶去山崖下寻找黄会元的遗体。

为了记录搜寻黄会元的场景，黎延奎把摄像机架在悬崖边能看到崖底的地方，两名村民在背后死死拽住黎延奎的裤带。正拍摄间，突然背后一声闷响，一块巨石又落下了。所有人都只是回头看了看，又继续拍摄的拍摄，拽裤带的拽裤带。事后回想起来，“要是其中有一个人慌乱，今天就会是人家来讲述我黎延奎的故事了”。

村民们在乱石间找到黄会元的遗体，用红毯子裹住。站起身来，毛相林再次环顾乱石堆，发现石头间有点异样，查看以后，便跪在地上，小心翼翼地捧起黄会元掉落在地的脑组织，放回遗体里。

山崖下的人在寻找，山崖上的人在默默地等待。在侯长青的预想中，出了事，现场应该很混乱。可他发现整个现场竟然是非常地平静，村民们站在山崖下，没有哭泣，没有叫喊，沉默地守在同伴遗体前面。

他忍不住问在场的村民：都死两个人了，这路还修吗？大家的反应很平静，杨元鼎说：“我们只是悲痛，我们不会怕，修路哪有不流血的？从开始修就想到了这点，而且我们都发过誓，死了伤了都各人认命，不找村里任何麻烦。”

等了大约两个小时，当遗体从沟底抬出来的时候，天突然暗了下来，乌云沉沉，树枝在冷风中轻轻摇曳，乌鸦发出凄厉的叫声，村民们或站或蹲在山崖下，有的眼望苍天，有的目视前方，表情肃穆，在山岩的映衬下，就像是一尊尊雕塑。

当天下午，县委书记王定顺和县长王超也赶到了工地。

几名记者把随身所带的现金全部捐了出来。

毛相林带领村民们苦干一年，终于打通了最为险峻的私钱洞和鸡冠梁路段。

2000年2月2日，腊月二十七日，再过两天就是除夕。早上，睡在偏岩下面的毛相林睁开眼睛。一场大雪已经覆盖了远近山峰，雪花飘进偏岩，落在熟睡的村民身上，给村民们盖上了一床薄薄的雪花被。在这一瞬间，在悬崖绝壁上奋斗了整整两年的毛相林感到了劳累，也为悬崖上的好兄弟好姐妹感到阵阵心酸，望着天空，他想起了沈庆富和黄会元，默默地抹起了眼泪，他又望着悬崖下的下庄村，回家的渴望变得格外强烈。

当时在工地上的村民还有近百人，毛相林把大家召集起来，说道："修了一年路，大家辛苦哒，今天就不修了，回家过年。"

有村民道："我们还修两天，修到大年三十。"

毛相林坚持道："今年不修哒，叫花子还有3天过年。过了年我们再来修，现在都回家过年！"

村民们这才不再坚持，纷纷下山过年。

在这一年，性格坚强的毛相林修路的决心曾多次动摇，他也怀疑过这样苦干究竟值不值，他也迷茫过，不知道最终能不能把路修成功，他还对沈庆富和黄会元的家属感到特别愧疚。但是，他作为村支书，和往常一样，他只能把所有不利于修路的情绪都埋在心里，紧咬牙关，带领全村男女埋头苦干。

这两年多，随着修路时间增加，伤病人数增多，各个家庭的收入也都持续减少，村民们异常疲惫，消极情绪开始在村里蔓延。毛相林内心也充满了矛盾，若选择继续修路，还会不会死人？若选择退缩，下庄势必又将回到在等待中煎熬的原点，这两年的辛苦和牺牲就白白浪费了，下庄必将成为被时代抛弃的村庄。

这时，村里发生了一件事。

村里有 5 个小孩误食了老鼠药，需要到骡坪镇去背药回来救命。以前，若从下庄沿 108 道拐的挂壁羊肠道往返骡坪，走一趟至少要大半天的时间，这六七个小时的耽搁，娃儿们多半是没得救了。

这个时候，从竹贤乡乡政府到鸡冠梁的毛坯路已经打通了，村医杨亨华就从这个刚刚“啃”出来的路上冲出去又冲回来，这一趟往返节约了 3 个多小时，及时拿回了救命药，5 个娃儿全部得救。

这件事情是一剂强心针，毛相林看到公路修通的巨大价值，再次坚定了修路的决心。村“两委”再次开会，达成共识以后，毛相林又召集了一次村民大会，准备通过这次大会彻底解决大家的思想问题。

会上，毛相林没有讲大话，更没有批评消极情绪比较严重的家庭，而是讲起了曾经发生在下庄的真实故事。

“这一次 5 个娃儿误食了老鼠药，杨亨华从毛坯路去乡政府，来回缩短了好几个小时就把药拿了回来，救活 5 个娃儿。娃儿是爸妈的心头肉，我得知5个娃儿吃了老鼠药时，腿软得站不住。杨亨华出发拿药时，我搬了板凳坐在门口等他回来，一等不回来，二等也不回来，沈红清的事就在我面前晃来晃去。”

毛相林提起沈红清的名字，开会的村民们不约而同地敛去了笑容。

那是早年的一起旧事。沈红清是外地人，嫁给下庄的杨亨金。下庄虽然被困在“井底”，可是“井底”水土好，种什么长什么，只要夫妻勤劳，就饿不死人，日子能过得下去。正因为此，沈红清不顾家人反对，嫁到了下庄。夫妻俩生育了3个孩子，小日子过得比“井”外好。天有不测风云，有一次10岁的大儿子发高烧，村医打针后，烧仍然退不下去。眼见着儿子越来越烫，杨亨金就把儿子绑在身上，连夜冒雨攀爬那条挂壁羊肠道去乡卫生院。小路湿滑，稍不留意就会掉下绝壁，沈红清嫁入下庄后就再也没有出过村。这一次即便是深夜，护子心切的她也咬着牙跟着丈夫身后，攀爬着出到“井”外，虽然一路被吓得很惨。

到了乡卫生院，输了一天液，儿子才退烧。

下庄田土有产出，由于山高路陡，物产卖不出去，村民虽能吃饱饭，可家家也都缺现金。杨亨金和沈红清在乡里舍不得花钱，饿了一天。沈红清回下庄再走挂壁羊肠道时，连累带饿，已经没有了力气，几乎是坐在地上往下滑，回到家中，裤子磨出两个大洞。

夫妻为了给大儿子治病，走得急，把两个小娃娃留在家里。他们家的房子在村里建得比较偏，村民们听不到小娃娃的哭声，也就无人过来照顾。夫妻俩回家时天已经黑了，两个幼子嗓子已经哭哑，挂着鼻涕正在啃生红苕。沈红清见状哭起来，越哭越心酸，想到以后还会遇到类似的事情，她顿觉当初嫁到交通如此不便的下庄是个错误，心有怨气的她因一件小事和丈夫吵了起来。吵架后，杨亨金没有注意到妻子的情绪变化，和往常一样担起水桶就去挑水。又累又饿的沈红清情绪失控了，一时想不开，关上房门就喝了农药。

毛相林得知出事以后，找来几个青壮小伙，抬起沈红清攀爬小道前往竹贤乡医院抢救。毛相林拿着手电筒在前面开路和带路。走到半途，两个小伙子嚷嚷："啷个越抬越重了哟。"毛相林过来一看，发现沈红清已经没了气息。

这是发生在下庄的惨事，在场村民都还记得清清楚楚。毛相林讲了往事，再说到5个娃儿误食鼠药之事，他问："如果没有修通毛坯路，你们说，这几个娃儿会是啥子后果？"

他点了几个态度消极的人的名，让他们站起来回答。此时此刻，这些人已经转变了态度，真心实意地表态，觉得路应该继续修。

村民大会的最后，毛相林给大家鼓劲："为了孩子们，为了子孙后代，这路，必须修下去！无论付出什么代价，我们都得修下去。不修好路，决不收兵！不修好路，我们对不起死去的沈庆富和黄会元！”

村民们修路的热情再度被点燃。

好消息接踵而来，下庄修路的事迹被广泛报道以后，得到了各方支援，经济压力大大缓解。下庄人把得到的捐款全部用在修路上，决不允许挪用。

但是，修路的经济压力减少后，缺劳动力的问题又凸显出来了。全村不足 400 人，能抽出来常年修路的壮劳力不足百人，修通了最艰难的 3.5 公里以后，还需再继续修四五公里才能修进村庄。后面几公里虽然不如私钱洞和鸡冠梁险峻，但仍然是在悬崖之上施工，大型机械难以入场。村里要修完剩下的路段，仅靠本村劳力，少说还得修五六年，甚至可能还需七八年。为了加快工程进度，早日通路，经过村“两委”商量，决定使用捐款请外地施工队进场施工，以解决本村劳力严重不足的问题。

外地施工队进场，并不意味着下庄的村民不再修路，下庄的村民依然以社为单位，各自分得一些路段，与外地施工队同时施工，以加快进度。在这后面的施工过程中，先后又有 4 人倒在了工地上，他们的名字和沈庆富、黄会元并列，被下庄村的子孙后代永远铭记。

让我们也在这里再次记录下他们的名字：

28 岁的刘从根牺牲在大石柱；

30 岁的向绍平牺牲在羊角堖反背；

40 岁的刘广周牺牲在羊角垴反背；

42 岁的吴文正牺牲在樟树沟。

2023 年 11 月 15 日，根据下庄村人开凿“绝壁天路”的真实故事改编的电影《开山人》主创团队来到下庄举办村映礼。村映礼上，舞台下方的最前排特意为当年修路牺牲的 6 位村民保留了空座，主创们也向每一个座位都献上了鲜花。

开山人

2023 年 11 月 14 日下午，重庆电视台演播大厅，电影《开山人》首映礼现场，屏幕上播放的电影片段立刻打开了下庄村民的记忆闸门。

“我还记得最危险的一次，是在私钱洞上面打洞子，当时已经打了有 14 米深了，我正准备在里面打个坑坑埋炸药的时候，哪晓得打着打着就昏过去哒……”

杨亨华回忆道：“我睁开眼睛后，工友才跟我说，我在洞里钻孔时机器声音太大，我没听见垮石头的声音，不晓得洞口被落石堵死哒，我在里面是因缺氧昏过去的，幸亏他们发现得及时哟，现在我想起都后怕。”

“当年参与修路的村民很多，很多人都有非常感人的事迹，这些我们都尽可能地浓缩到了影片的几位主角身上。"导演翌翔举例说，影片中大家能看到这样一些场景，比如村支书"毛永福"看到修路的村民就在山间蜷缩成一团过夜，几欲落泪；村民"黄祥基"从最初认为修路不如带着大伙外出打工，到后来转变为主动回村帮忙修路等，都有真人真事作为支撑，"毛永福"和"黄祥基"的人物原型就是下庄村村支书毛相林和牺牲在修路工地上的黄会元。

"我演的村支书毛永福其实不光是一个带领大伙修路的农民，而是我们所有坚韧不拔的中国人！"主演张桐说，在演绎过程中，自己从未

▶《开山人》在下庄的村映礼上，第一排特意为 6 位牺牲者留了空椅子

电影《开山人》制片方供图（2023 年 11 月）

把“毛永福”局限在只是一个农民的形象和意识中，在张桐看来，整部《开山人》着力展现的坚韧不拔其实是所有中国人的品质。

而在编剧陈亮看来，自己可能是剧组被感动落泪最多的那一个。“从一开始我就想做一部不太一样的主旋律电影。”陈亮笑着坦言，已经熟知下庄村民修路壮举的观众可能会觉得，这部电影里是没有“反派”的，其实不然。“写剧本时，我其实把‘山’作为了人的对立面。”陈亮说，正是在人和“山”的不断“搏斗”中，影片完成了对人心的洗礼。

首映礼上，当年参与修建“绝壁天路”的村民代表杨亨军、杨亨华、蒋延龙、陈祖英被请到了现场。杨亨华率先分享了当年惊心动魄的修路经历。

杨亨华的身份很特别，他是村里唯一的医生。以前，从理论上讲下庄村是和外界相通连的，但事实上却是一个极度封闭的世界，人食五谷杂粮，哪有不生病的。杨亨华的父亲曾经是下庄村唯一的草药医生，杨亨华子承父业，20 世纪 80 年代他还到县里接受过一些乡村医生的培训。后来，杨亨华就成了下庄村唯一的“赤脚医生”。

医术怎么样？杨亨华回答说：“一般的小病小痛我还是耐得活（方言：处理得了），大一点的毛病就只能去乡卫生院，因为道路原因出去不了的，那我也没得办法，那就是命，下庄人的命。”

“生死有命”“听天由命”这样的话从一个医生嘴里说出来总是给

人一种荒诞感，可当你真正去攀爬一次进出下庄的那条挂壁羊肠道，一个身强力壮的人要爬上去也得用掉半天的时间，耗尽一身的力气，汗水湿透衣襟，这才能明白杨亨华所说的这句话里是有着多么沉重的无力感。

现实中的杨亨华力大无比，是远近闻名的大力士。整个下庄村也只有他卖过活猪——到骡坪卖猪时，他把重达两三百斤的肥猪绑在门板上，一个人背着门板和猪就能爬上有108道拐的挂壁羊肠道。毛相林记得很清楚，40年前，村里修小水电站时，杨亨华就当场表演过，他背起上百公斤重的铁管走了100多步。尽管现在已近六旬，他仍然骑着一辆摩托车风风火火地在下庄村进进出出，仍然能一只手就把摩托车提离地面。有这个天生神力，当年在修路的工地上必然是绝对的主力。

也可以设想一下，当这位眼大眉浓、敦敦笃笃的大力士手拿一根小小的针刺进病人的手臂或臀部，一个鬼脸，能把带泪怕痛的小孩子逗得呵呵笑的时候，这是怎样一幅极具反差感的画面。

的确，从外貌上看，杨亨华很“粗”，而且“野”，但他的内心却是心细如发，修路时，他是四社社长，带着几十个兄弟奋战在第一线。

上工地前，杨亨华就和妻子黄淑英商量：“我要到工地上去当钻炮手，诊所关门不？”黄淑英说：“诊所可以不关门，这10多年了，我早就学会打针拿药输液这些事哒，你放心去就是，只不过我有事喊你的时候，你还是要搞快点回来哈。”

杨亨华当然放心，手把手教她十几年，诊所大大小小的事她都会了。

听说村里的赤脚医生要去修路，有人就说：“大力士，你去修路，诊所一年要受好多损失哟。”又有人说：“下庄的男人都去修路去哒，家家户户都更缺钱了，以后拿药都拿不起哒。”

杨亨华听到这句话，转身就回了家，他是回家特意叮嘱妻子的：“村里修路，生活肯定紧张，如果他们有个三病两痛，又拿不出来钱来拿药丸子的，你就先给药，药钱就赊起，等以后再说。”他还笑嘻嘻地对妻子说；“修路是大事，医病同样是大事。你要相信我，这两种活路我都不得耽误，店里有事就喊我。”

可杨亨华一上到工地就像变了一个人一样，忘了自己的药店，甚至忘了自己还有一个家，这可把妻子气得够呛。

杨亨华身为四社社长，又是修路的积极支持者，自从上了工地就不下阵地，一心扑在修路上，无暇顾及自己开的药店，这个损失妻子心里早有准备，也就不说什么。可是家里喂的猪染了疫病，两头 200 多斤的肥猪死了，妻子心里着急，杨亨华可没教她给猪治病，而且这猪一死，损失的就是几百块钱，好心痛哟。她托人带信到工地，喊杨亨华回家看一看，商量一下办法。杨亨华却也托人捎信回家：“猪儿死哒，就扔到岩下去。”

妻子心里气不过，赶到工地来找他理论，可她看见丈夫像一个“灰狗子”，衣裤都磨破了，屁股还露在外面，在心里想了几千遍要骂他的话却一个字都说不出口，只是眼泪汪汪地再三叮嘱丈夫“当心，当心一些”，又赶紧回家给丈夫送来换洗衣服。

杨亨华的屁股为什么会露在外面？这也是下庄人在歇息时都爱摆的龙门阵。

杨亨华是村里有名的大力士，上了工地后，他成为工地上的钻炮手，钻炮手往往需要身系虹绳吊在崖外打炮眼。在一次放炮中，炸飞的岩石碰到了对面石壁，又反弹回来，如雨点般向在岩石后面躲炮的杨亨华袭来。杨亨华吊在悬崖上躲无可躲，只能尽量紧贴石壁。这个时候一块石头从杨亨华的腰间“呼”地划过，他的背上又重重地挨了一下。飞石落尽后，他这才发现石头打断了系裤子的皮带，衣服也被划破了，还有巴掌大的一块伤痕正往外冒着血珠。裤子没了皮带的管束也就掉落下来。他用草编绳子将就着系上，可往往是一使劲，腹肌一硬，草编的绳子就“啪”的一声被崩断，裤子嗖地一下又掉到地上，杨亨华在使劲的时候往往手里有活儿，撤不得劲，放不得手，也就没办法去提裤子，光溜溜的屁股就经常这样露在众人眼前。

这个故事成了修路工地上最受欢迎的谈资，每个人在摆谈时都会添油加醋加工一番，每摆谈一次，大家就笑一次，笑够了，力气也就恢复了，然后大家又拿起工具继续修路。

对于大家的玩笑，杨亨华从来都不恼，也不去辩解里面哪些细节是真实的，哪些细节是虚构的，别人摆谈，他就在旁边嘿嘿嘿地跟着大家一起乐。

杨亨华脾气好，但他也有看不顺眼的人，其中一个就是同村的刘崇凤。

每当刘崇凤在他面前显摆时，杨亨华就会撩开衣服，露出腰间的那一大块伤疤，像英雄般炫耀。

而对于杨亨华的炫耀，刘崇凤总是会嗤笑一声，他平常也是比较低调的，偏偏就是和杨亨华像“狗见羊”一般，喜欢斗个嘴。

刘崇凤也是有炫耀的资本的，因为下庄修路的第一炮就是他点响的。

对于点燃修路第一炮，刘崇凤会骄傲一辈子。

这条路，也让刘崇凤痛苦了一辈子。“如果能早几年修该多好呀！”

毛相林提议修路时，刘崇凤是最大的拥趸，他说：“修路这事我支持！这些年，那这些山路把我们害苦了，我从下庄背脚到巫山县城，去的时候帮人背 100 斤粮食出去卖，挣了 3.88 元，回来背 80 斤

1997年，在鱼儿溪炸响了开山第一炮

巫山县委宣传部供图（1997年12月）

一包的肥料，挣了 4.5 元。一个来回花四天时间才挣了八块多钱。送公粮到骡坪，我背 100 斤粮食，也是天不亮出发，晚上回来还要打火把。”

刘崇凤的妻子沈庆莲比丈夫大两岁，听说修路，也来了劲：“是姑妈把我介绍给刘崇凤的，我知道下庄村有条不是人走的路，哭着闹着不想嫁这里，可我爷爷和三爸四爸都说下庄村人好，又有三大坨（洋芋、红苕、苞谷）可以敞开吃，还有大米，说嫁到下庄不会吃亏的。结婚时，娘家给我做的一个柜子，用扁担绑起抬都抬不下来，我一个新媳妇，是横着脚尖尖从庙盘砑扯着树枝枝抓着树藤藤慢慢梭下来的。好不容易梭过火烧岩屋、碑梁子，再过河才到刘崇凤家。你莫看我娘家的那些人是住在‘井’外，比起我们下庄人来说还是见识短了些，天下的好事哪有全占完了的嘛，下庄是有吃的，但走不出去呀，特别是我生了娃儿后，我就很想离开这里，我和我的娃儿又不是他刘崇凤养的猪，只管喂个饱，我们还不是想到处去走一走。要说修路这事呀，我比哪个都赞成。有路，我儿子就不会死哒。”

见妻子说到了儿子的事，刘崇凤就长长地叹了一口气：“没路，我大儿子就不想出去读书。他不读书，没多少文化就心胸狭窄哒。那年，他也是为了一点小事就和媳妇吵架，吵到后来他就喝农药寻死。如果当时有路，把他送到外面的医院，他也不会死，才 28 岁呀，好可惜啊！

我赞成修路，我要去修路！”

想到儿子，沈庆莲更是控制不住情绪，她掉下泪：“我是一个苦命的女人，前前后后在这里生了5个娃，哪晓得‘送走’了4个。只要看见别人家有女儿出嫁，我就想起我的女儿，我的那个心好痛啊！我的儿子，我的女儿啊……”她一边哭，一边拍打着自己的胸口，一下又一下有节奏地跺着脚，不管是“井里”还是“井外”，“捶胸顿足”这个词在悲伤至极的女人身上都是相同的表现。

当得知要修路，而且这修路的第一炮将由丈夫刘崇凤来放，夫妻俩激动得一夜无眠。第二天，出发之前，沈庆莲拉着丈夫的手说：“崇凤，你要平安回来啊！你回来了，我才晓得你还是个活人儿啊！”她知道，自己的丈夫在修路时要放第一炮，那是多么光荣，又是多么危险啊，对于他们这个家，也算是弥补伤痛最好的方式。

1997年12月7日，农历冬月初八，清晨，天刚蒙蒙亮，下庄村男女老幼聚在一起，皆面朝困住他们数百年的悬崖峭壁。此刻，群山之巅白雪皑皑，鹞鹰在天空盘旋。寒风从山林间穿过，“呜、呜”吼叫。

个子矮小的村支书毛相林站在大家面前，语气坚定地做修路前的最后动员，他肢体语言不多，只是不时挥一挥手，他的声音与个子相比较就显得格外洪亮：“改革开放前，山里山外大家一样穷。我们下庄是种什么产什么，要产两季水稻，还有苞谷和洋芋，大家饿不到肚子，外村的人愿意嫁到下庄来。如今外面发展这么快，下庄再不修通公路，会和外面越拉越远。这样下去不对路，村里的人往外搬，村外的人不肯嫁进来，下庄的人只会越来越少，过几年就不存在下庄了。要致富，先修路。这是大家都懂的道理，只是我们这里修路太难了，三任支书想修路都没有修成，外面的人也不相信我们能在四周绝壁上修出路来。我毛矮子不得服这口气，就是蚂蚁啃路，也要啃出一条路来。路不修好，决不罢休！”

毛相林做了动员后，驻村干部方四财接着说道：“我作为驻村干部，和大家是一条心，不管再苦再累，不管困难再大，我也要坚持和大家一起干。毛书记刚才说得好，路不修好，决不罢休！”

村民们在毛相林的带领下，举香过额头，面对着如井壁的群山发誓：路不修好，决不罢休！

一场向大山的战斗，正式拉开帷幕。

参加修路的下庄村民肩挑背扛，带着大锤、钢钎、篾箕以及炸药、雷管和引火线等修路工具沿着挂壁羊肠小道上山。这是连接外面世界唯一的一条小道，从谷底到谷口垂直高度约千米，由近 80 度的 3 个大台阶和 108 道拐组成，村里最精壮的男人爬到山顶，也需要两个小时。今天要修路，修路的汉子们格外兴奋，不到两个小时，整整齐齐的队伍便来到了山顶。

修路的汉子 （资料图片）

上午 9 点多钟，修路村民来到鱼儿溪龙水井，这就是下庄天路的最上端。

“土专家”邓顺权规划的下庄天路是从竹贤乡两河村接头，公路全长 12.5 公里，绝大多数路段都修建在悬崖峭壁之上，险关重重，步步惊心。

动工时间是下庄村会计杨元鼎翻历书确定的，这一天是黄道吉日，适宜动土放炮。刘崇凤是因为他在外务过工，有修路经验，所以就由他来点燃修路第一炮。

鱼儿溪和龙水井附近岩面光滑，岩壁垂直，无处立足，也无处安放炸药。村民在刘崇凤身上捆上绳子，把他吊在石壁上。花了 3 个多小时的时间，下午 4 点多钟，刘崇凤艰难地用凿子在硬度极高的青龙石上凿出了第一个炮眼，安放好炸药。

下庄村一社、二社、三社和四社来参加修路的上百村民围站在一起，犹如竖起一面墙。下庄村是小村，人数本来就不多，能抽出来的劳力全部在这个现场，下庄人为了修路不惜破釜沉舟，背水一战。

顺着鱼儿溪刮过来的山风扰乱了村民们的衣服和头发。山风寒冷，山里汉子们的血液却滚烫，所有人的眼睛紧盯着远处龙水井上方的一处悬壁，忐忑不安地等待那惊天动地的第一声炮响。

炮眼打好，炸药安装到位，毛相林看到刘崇凤举手示意后，并没有马上发出点炮的命令。

远处山峰上空，几只鹞鹰继续盘旋，绝壁保持着千百年来从未改变过的傲然峭立。毛相林明白，在自己这一声令下之后，这一百多条汉子就要向悬崖峭壁发出挑战，开弓没有回头箭，成功还是失败到现在还真是无法预料。如果修路成功，下庄就和“井”外的村庄一样，可以跟上社会发展。如果这次修路失败，那下庄修路之事不知会被拖好多年，甚至人去村空，下庄将不复存在。

毛相林扭头看了看身后的这 100 多条精壮汉子，那 100 多双眼睛里闪耀着火苗，这些火苗足以点燃这座群山。他随即把所有心思扔到脑后，咬了咬牙，下令道：“放炮！”

导火线发出火光，在稍显阴暗的空气中闪烁，快速推进。在导火线燃到末端时，突然暗了下来。若是第一炮哑了，那就预示着修路不吉利，所有人的心在这一瞬间都提到了嗓子眼儿，毛相林在心里暗自祈祷：“修路第一炮，一定要响！”

祈祷到第二遍时，从山体岩壁埋填炸药处发出一声闷响，两公斤炸药爆发出巨大能量，大地颤抖，山石飞溅，悬崖上冒出了浓浓的烟尘，大量崖石垮塌下来，决战天路的第一炮顺利打响。

村民们都欢呼起来。

可是，点炮并不是刘崇凤的“专利”，关键时刻，毛相林也会抢过去。

接近90度的悬崖实在是太险，连野猴子也时有摔死，就算有虹绳拴在腰上，村民还是会产生畏难情绪。毛相林作为修路总指挥，没有具体的修路任务考核，属于“脱产干部”，但他却比其他村民更忙，大局要顾，细节要抓，时时刻刻都在工地上与大家一起摸爬滚打，他很了解村民们的心思。

春节后，修路人再次上山，毛相林把大家聚在一起，指着私钱洞和鸡冠梁方向，说道：“我们下庄人在山下生活了几百年，张家有17代，杨家11代，我们毛家也有4代，大家都想修路，为什么没有修？就是因为这山又高又陡。我们要修路，必须有啃硬骨头的准备，村看村，户看户，社员看干部，今天就从我们村社干部开始，从党员开始，带头钻炮眼。春节后的第一炮，就由我毛矮子来放。”

这抢着放炮，绝对不是因为点炮的人能抢个好彩头，或者有什么吉利的说法；相反，此时点炮与之前相比，更多了几分危险，这危险来自下庄的另一帮“村民”捣乱。

下庄处在群山环抱中，土地肥沃，又少外部匪患，而猴子在这一点上和人是一样的聪明，它们也会选地方，下庄对于猴群也就是风水宝地，有吃有喝，又少天敌。有 30 多只猴子就“定居”在了下庄村的红岩湾，这群猴子攀援于悬岩，跳跃于丛林，常常坐于岩之尖，对着太阳，对着月亮，啾嘎叫，叫声在峡谷缭绕，引出一朵朵白云飘逸。

平常时候，猴子与人基本是和平相处，有人打柴采菌经过它们的领地，老猴子阅历广，做出一副不理不睬的“高贵”模样，在树枝间悠闲地晒太阳。而小猴们则惊奇惊喜，对着路过的村民摇树枝，扔石头，做怪相，“叽叽哇哇”地欢叫，跳上跳下忙得不亦乐乎，引得人哈哈大笑。

这群猴子很调皮，爬上岩顶，就去偷两河村村民的苞谷，爬下岩底，就去偷下庄村的芝麻。两河村人在苞谷地周围扎了许多用竹茅草编的假人，穿着破衣，戴着草帽，很是威武。但假人只能吓麻雀，猴子不仅不怕，还撕去衣裳抢走草帽，戴在它们自己的头上。村民恼了，在苞谷地搭了窝棚，拿着铜鼓敲，但猴子们跑得快，你撵东边它偷西边，你撵西边它偷东边。人跑得一身汗，还抓不到一根猴毛。也有村民动脑筋，请来大猎狗，威威猛猛到处转。这个时候猴子也晓得“敌进我退”和“敌疲我扰”，打起了游击战，趁不注意就偷一个苞谷，箭一般跳到岩下，当着大猎狗的面大模大样地吃苞谷，气得大猎狗汪汪直叫，无可奈何。

猴群在下庄偷芝麻就更是有趣，猴王带队悄悄爬下悬岩，望山猴（即哨兵）首先爬到高高的桐子树上张望，见没人，立刻摆树枝，猴群一下扑进芝麻地，扯起芝麻就打一只猴子，这只猴子就是“工具猴”，它们把芝麻粒打在这只猴子身上。望山猴见有人来，就“噢噢”地发出警报，于是猴群纷纷跑进树林，爬上悬岩，它们会找一块光滑平整的岩石，几只力大的猴子捉住那满身有芝麻的“工具猴”，反复朝岩石上摔，芝麻粒就全掉在岩石上了。偷来的芝麻首先由猴王享受，再是“妃子”们享受，其他猴也不会闲着，它们把那只可怜的“工具猴”捉到一边，在它身上毛缝缝里寻找“剩余价值”，一个个吃得津津有味。收获季节，它们会如此反复地表演偷芝麻的喜剧，只不过“工具猴”是由地位低的猴子轮流担任。

平时猴群和人群也偶有小摩擦，猴子偷一点苞谷或土豆，人吼两声追两步也就送猴归山，大家相安无事。但下庄人要修路，这就惹恼了猴群。在村民最初来到山崖施工时，猴群感觉受到侵犯，受到了威胁，非常愤怒，时常向村民扔石头。它们几十只聚在一起吼叫，在万丈绝壁间跳来跳去，向村民们示威。

最初放炮炸山，炮声响起后，峡谷震荡，猴子受到惊吓就躲在岩洞里发抖，可是猴子很快就适应了炮声，胆子也大了，纷纷蹲在岩对面的树枝上，鼓着亮晶晶的眼睛看村民放炮。炮一响，满天石头像麻雀飞，打得岩石啪啪响，修路的村民们特别害怕这些飞石，猴子们却是没心没肝的，就喜欢凑个热闹，像人们看战争电影里那激动人心的战争场面，猴子们也激动起来，整个猴群一起摇树枝，像是在欢呼，又像是在呐喊助威。

渐渐地，猴群离人群也就越来越近。

猴子不怕人的时候，就该人怕猴了。猴子朝人们摇树枝扔石头成了习惯，日常铲石施工还好，可要放炮，人就得拴着绳子吊在悬崖外，猴子此时若再来骚扰，树枝一挥，石头一扔，危险系数倍增。

毛相林在腰上套上虹绳，攀上悬崖，把绳子套在树桩上。他吊在竖直的崖壁上，用凿子一点一点地在青龙石上敲出炮眼，安放上炸药雷管。一声闷响后，烟尘腾空而起，炸飞的山石落下深渊，发出一连串的碰撞声，在山谷间回荡。待烟尘散尽，尽管已经干了一个月，众人还是大声欢呼起来，丝毫不亚于一个月前动工的那第一声炮响。

在毛相林带头下，村社干部轮流上阵，自告奋勇套上虹绳，去凿开下一个炮眼。

修路工地上还有一个"吉祥物"，他的出现甚至比毛相林还受众人的喜爱。只要有机会，大家都愿意和他握握手，沾沾福气。他就是下庄村村民马振荣，是修路工地上年龄最大的人。

63 岁的马振荣是主动报名修路的，他的亲兄弟马振华和马振贵也报了名。他们的下一辈人中，马振荣的儿子马兴潮报了名，侄儿马兴喜也报了名。马家两辈五人中，有亲亲三兄弟，两对父子兵。

马振荣报名修路，毛相林并不放心。对于一个城里人，63 岁的年纪已经是退休在家，含饴弄孙颐养天年了。即便在农村，也不会再干重体力的农活儿了，何况他还有残疾。

修路不仅是重体力活儿，山石不长眼睛，反应慢了也不得行，往往生死就在一瞬间。

马振荣拍着胸膛对毛相林说："我不怕，阎王爷不收我的命。"

他之所以敢说这个话，底气来自他多次死里逃生的经历。

1972 年的一天，马振荣在挂壁羊肠道的二墩岩位置打石头，哪承想绳子断了，他被困在万丈悬崖中间，好不容易才被同伴发现，吊了长绳下来，才把他费力地拉了上去。

更传奇的是 1978 年他去后溪河刮棕，爪钩的绳子断了，马振荣又被困在了高岩上，叫天不应，叫地不灵。上次有同伴帮助他才逃离险地，活了下来，这次无人相助，若想要活命，只能自救。马振荣动手砍了很多棕叶，又利用棕叶原本的韧性和弹性扎了一个厚厚的棕叶船。生死就是这一搏，他把自己捆绑在棕叶船上，心一横，眼睛一闭，摇摇晃晃地从石岩上滑了下来。

这一刻，棕叶船成为翅膀，成为救生船，他像鹞鹰一样从高处滑翔下来。谁能想到，马振荣在危机面前居然会用下庄人特有的聪慧和机敏化险为夷，创造了被下庄人津津乐道的现代神话。

1992 年，马振荣到湖北京山县打工，一块巨石塌落下来，他的左腿股骨被压断了，右腿股骨也被压破。在医院做了 4 个小时的手术，用一根钢柱替换了他的左腿股骨。包工头狠心不管，马振荣只得回到下庄。先是瘫在床上，由妻子和儿子背进背出地照料，他不愿意向命运屈服，慢慢地，他拄着木棍在地上一步一步挪动，就这样锻炼了 1 年，马振荣又能站起来了。

这位在命运面前从不服输的马振荣，就这样一次又一次地和命运较量，用自己的智慧与毅力一次又一次地战胜了死亡，也就成了工地上的“福星”和“吉祥物”。

马振荣见毛相林还在犹豫，说道：“你放心，我们下庄人被明岩压苦了，这一次必须彻底解决，否则不知道要拖好多年。我和明岩打交道多，经验多，请求当我们社的安全员。”

毛相林被感动了，眼圈有些红润。马振荣转而安慰道：“毛矮子，我的命硬，山王老子不得要。你放心嘛，我两个兄弟要去工地修路，我儿子和侄儿也要去，我们班组那么多人要去。天天看着他们，我才放心啊。”

毛相林实在不好拒绝这位老人的心意，说道：“既然这样，你就去吧，注意安全就是。”

马振荣给毛相林说的是自己当安全员，看着年轻人施工，可真正到了工地上他就变卦了。一上工地，马振荣就“倚老卖老”和“仗势欺人”，以“安全员”和“老辈子”的身份去压其他队员。每次吊虹绳下岩，都是他最先下去选路线；炮一炸，他不准别人去，自己先去排危。遇到岩矮一点的，就用两丈长的竹竿去戳，再高一些的，就用两根竹竿绑起去戳，戳得岩石哗啦啦地掉。实在太高戳不到，但岩炸松了，悬吊吊得太危险，他就不准人在下面动工，自己爬上高岩，又用绳子吊下来，用钢钎一块块地戳，戳不动的，就把炸药塞进石缝里放“巴儿炮”，直到他认为安全了才准继续动工。

每次吊在虹绳上排险，马振荣嘴里都会唱那首山歌：“红岩对白岩，岩上有棺材，金银千千万，舍命拿得来。”

可真要舍命，他又不干，说要和阎王爷讲个价钱，他说自己这条老命很贱，阎王爷看不上，但年轻人的命就金贵得很，是太阳才出山，竹子才出林，这条路就是为他们修的。

还有一位六旬老人也一直关注着这个修路工程。他就是测绘专家邓顺权。

或许我们现在去回顾修路的历史，有人会心生疑惑，说如果不是邓顺权这个“土专家”，我们的那截路就不会修错，白白浪费了人力物力，而且因为为修那截600多米的废路还搭上了沈庆富的命。

可实事求是地说，如果没有邓顺权的帮助，这条路是开不了工的，也就更谈不上后来的一切。出错，是因为各种条件的制约，而对于第一个攀爬上这些绝壁上的六旬老人，我们又怎么忍心来苛责他呢。

下庄人是善良的，时隔多年，从未有人抱怨过，在他们的嘴里，“土专家”并不是嘲讽和贬低，而是对邓顺权的一种亲切称呼，这个“土”，只是描述出了邓顺权来作测绘时的真实状态。

下庄村村民们第一次的集资款主要就是为了做测绘的费用。

村里没人懂测绘，只有到外面去请。如果要去请勘探设计院的专家来，这个费用作零头都不够。毛相林到三溪和起阳等地方考察过一圈，得知很多路都是请“土专家”邓顺权帮助测绘的，于是决定下庄公路也请邓顺权来规划。

毛相林找到邓顺权，谈了修路的想法，诚恳地说道：“下庄没有钱，全村好不容易才筹集了这笔款作测绘费，我们知道这点钱太少哒，但我们也确实是拿不出更多的哒。”

邓顺权已是耳顺之年，本来不想接这个任务，但他被下庄人修路的诚心、决心和勇气所感动，接下了这个活儿。他也对毛相林交底：“从市面价来讲，再也没有比这更少的测量费了。下庄的崖壁是堪比华山还危险的天险，如果是要挣钱，你们给再多一些，我也不会接这个活儿，我也是拿命来做事，不能用钱来算这笔账。”

尽管早有心理准备，进入下庄以后，勘测难度还是超出了邓顺权的预想，下庄山谷四面皆绝壁，完全没有立足的地方。大山很安静，崖下溪沟的流水声隐隐约约，他不由得打了几个寒战，对身边的毛相林道：“这路，你们真的要修啊？”

毛相林道：“要修，这路我们修定哒。”

邓顺权的心像钟摆，不停地在半空甩来甩去。他站在悬崖上，心想：“你们下庄村人想在这里修路，是在向阎王爷掏心，在虎口里拔牙。如果硬是要坚持修，不付出巨大的代价是不行的。”

这代价到底有多大？邓顺权不敢想下去。他看到毛相林和其他村民坚定的态度，他决定要帮他们一把。

邓顺权在毛相林和其他村民的保护下，腰上套绳子，爬上悬崖，凭经验规划着对面山壁的公路路线。对面的山也是绝壁，稍不小心掉入悬崖便是粉身碎骨的结果。

这点费用自然租借不了测量仪器，开始勘测时，邓顺权只能站在对面山上根据山势和经验来确定路线。方四财回忆道，在这些“土专家”身上，其实是可以看到一种群众的智慧，虽然没有带高精度的测绘仪器，邓顺权搞测绘时手里就拿着一个半导体收音机，把天线扯出来，一点一点地调整，通过天线和收音机之间的夹角再来测量坡度和绘制线路。

颇有攀岩经验的邓顺权在测绘中也遇到数次险情。

在绝壁上艰难测绘了 40 多天后，邓顺权把一张张穿山越谷、逢崖凿路的线路图交到了毛相林手里。这条规划中的下庄天路从竹贤乡两河村开始，在龙水井处开山凿岩，顺鱼儿溪，经私钱洞，过鸡冠梁，再来一个回头大转弯，依山绕道而行，再跨过鱼儿溪下端，然后直抵下庄村，全长 12.5 公里。

尽管是用原始方法目测所得，有的数据是不准确的，但是毛相林和方四财拿到测绘图，就像抱着一个刚刚出生的婴儿般激动不已——这是未来，这是希望，这是下庄村的种子！

临别，邓顺权再次向毛相林求证：“毛书记，你们真的要修吗？”

毛相林回答道：“肯定要修，为了子孙后代，再大困难也要修。”

邓顺权郑重地说：“太险了，私钱洞和鸡冠梁那一段更是险中之险。我在测量中看到野猴从这岩跳到那岩，还看到有野猴摔到了岩下。我看到它摔下山时，是真的害怕了。”

毛相林说：“开弓没有回头箭，不管再险，也得上。”

邓顺林说：“我太佩服你们了，这条路是我这辈子测绘过的最难的路，希望你们能够把路修起，这也将是我这一辈子最值得骄傲的事了。”

邓顺权完成了工作任务，带着疑惑和担心，还有对下庄人的崇敬离开了。

他虽然离开了，但下庄人始终记得他，对所有帮助过下庄的人，他们都永远抱持着感恩之心。

修路不仅是男人的事情，下庄的女人们同样为修路付出了很多。有社会学家研究过，自古以来女性英雄形象少，她们能被称为英雄，不仅要有超越常人的勇气与决心，还得迈出突破世俗限制、置生死于度外，以及舍小家为大家的三大步。下庄的女人们修路，那是既在修看得见的路，又在修一条自己的生活之路，修这条生活之路可比那条看得见的路更艰苦。她们皆是英雄！

巾帼英雄

修路不仅是男人的事情，下庄的女人们为修路同样付出了很多。

“最难的是每天从山下往半山腰挑水，上山的路是我一步一步踩出来的。我每天光水就要挑大约 600 斤……”

包括陈祖英在内的下庄女性在《开山人》中都被浓缩到了苏青饰演的李香秀身上。在演播大厅里，参加首映式的陈祖英也进行了现场回忆，当年除了负责挑水、做饭等后勤工作，“运石头、睡山洞等等男同志能做的我们也都能做。”

下庄修路，施工条件恶劣，生活条件同样异常艰辛。

施工地点在山上，真正的上不靠村下不靠店，周围哪有人家嘛。修路的村民没有地方可借宿，每天回家又会浪费大量的时间和精力。从开工起，这些修路的村民吃住都在工地上，十天半月才轮换着回家一次，回家也主要是去带红苕、苞谷、大米等口粮上来，顺便舒舒服服地洗个澡。

悬崖上的工地和我们日常所能见到的城市里的建筑工地有很大的差别，标准住房，厨房和食堂，这两大基本生活保障设施都没有，大家只能在绝壁上的洞穴缝隙或者新开出来的悬崖落脚点找个平坦处睡觉，男女都是如此。在不少危险地段，村民们所睡之地距离悬崖也就是一个翻身的距离。在最窄的地方，村民们在睡觉时还得在腰杆上拴根绳子，另一头拴在岩缝里的老树根上，免得夜里翻身掉下悬崖。

若是运气好，找到比较大一些的平展的地方，就可以用木棒、塑料布或茅草搭一个临时窝棚，这种临时窝棚对于工人们来说就相当于宾馆。山顶风大，夜晚更是风疾声响，临时窝棚上的塑料布或茅草经常被吹得无影无踪。

若是运气不好，工地上找不到平整地，他们就要钻进狭小的岩洞岩缝，和野山羊、猴子等共处。

工地上的女人受到的唯一优待就是睡在窝棚里面。睡在窝棚里面也不是百分之百的安全。窝棚靠里的温度肯定要比外面略高，有天晚上，两名妇女突然发出尖叫，原来是一条毒蛇钻进了她们的被子，冰凉冰凉的，一下子就将她俩惊醒了。慌乱中她们下意识地抓起蛇就往外扔，幽暗的月光下，蛇被扔到了深深的峡谷中。有些被惊醒的汉子睡眼惺忪，还不忘打趣，连叹可惜，“怎么就舍得扔了呢？这送上门来的，应该拿来泡酒噻，治风湿伤痛好得很嘛！”也有几个汉子互相开着玩笑，说“白娘子”来相亲，可惜摸错了床，摸到娘们儿的被窝里去了。玩闹了一阵，他们又沉沉地睡去了，这晚，两个女人却再也睡不着了，呆呆地相依而坐，似大山般沉默无言，只有泪珠一颗颗地从脸上滚落。

天光稍稍放亮，她们就走出窝棚，烧火做饭，在那些汉子起床前，她们还得将整个工地的早餐做好。早晨的柴禾被晨露打湿，不容易点燃，点燃后又烧得不旺，烟还很大，陈祖英说：“有烟子还好一些，把脸整得花野猫一样，他们才看不出来我们半夜哭过的印子，眼睛肿了，也好说是遭烟熏的。”

“哪个女人不流泪嘛？流泪是女人的特权，我不是怕苦怕累，我是担心家里的娃儿，操心家里养的猪儿，心里着急就控制不住，就会悄悄咪咪地流一点点眼睛水。可不能被他们看到，看到了要被笑话，要被他们赶下山去。”

“那个戏里面，穆桂英因为杨宗保不争气，她还不是哭过！”陈祖英笑着说道。

陈正香从小就听穆桂英的故事，也知道出身重庆的明代传奇女将秦良玉的故事。“女子想要功成名就、留名青史，必须承受比男子更多的磨难，达成更高的功绩。秦良玉到了晚年，儿子马祥麟、儿媳张凤仪、侄子秦拱明皆为国捐躯。舍小家、为大国，她的牺牲是常人难以想象的。”

看戏听故事，陈正香沉醉其中，但她绝对想不到，有一天，她自己也成为故事里的女主角，像故事中的女将军一般，替夫“出征”！

村民大会开了，开工的时间越来越近了，此时的毛相林心里还是慌得很，三社社长蒋云龙在外打工还没赶回来，这该怎么办？

毛相林和村会计杨元鼎商量：“干脆在三社再开一次会，让三社的人选出一位新社长。”

三社一共有 18 户，每家的人都到了。毛相林说：“马上要开工哒，后天各社社长要抓阄领各自的任务，你们三社的社长还没有回来，为了保证三社按时完成任务，不拖后腿，经村委会决定，今天要选出一位新社长，鸟无头不飞嘛，请大家提名推选。”

大家相互看看，都不知道选谁当新社长好。

蒋云龙的妻子陈正香在会场上，她看看毛相林和杨元鼎，噌的一下就站了起来，大声嚷道："毛书记，杨会计，不对头哟！唧个你们今天雾独独（重庆方言：莫名其妙）地就要改选社长了呢？我问一下你们，蒋云龙是不是在当社长期间犯了错误？他又是不是在外面干了啥子坏事？"

毛相林说道："他没有犯错误，在外面打工也没有犯啥事，你莫想多了。只是因为他没在家，我们才要重新选一个人来领头，好开展工作。"

陈正香平时给人的印象是少言寡语的，这个时候她的嘴却像扣动了机关枪，火冒三丈："我男人没在家，接下来的事情你们为什么不问问我？官去了衙门在，老爷出门有太太。修路是全村人的大事，我给你们说，我男人不会在这个时候下台的。他不在屋里我又不是捡不起。今天我们三社的人都来了，你们各家各户也表个态，同意我当社长的就举手，如果大家信不过我，再选其他人，我屁都不会放一个。"

说完她又对毛相林补充了一句："你们放心，我不会给村里拖后腿的，我们三社不敢说争个第一，但我们绝对不会倒起数。"

古有花木兰替父从军，今有陈正香替夫当社长。听完陈正香的一番话，大家相互看了看，然后齐刷刷地就举起了手，异口同声地说：

“我们同意陈正香当社长。”

陈正香也举起了自己的手，像是在宣誓，又像是举起一面刚刚打了胜仗的旗帜。

三社选新社长的事就这么顺利地处理下来了，虽然这不是毛相林他们所预想的结果，但却是最好的结果，毛相林和杨元鼎相视一笑。

还有 4 天就要出征了，这位毛遂自荐的年轻女社长准备好了上工地的粮食和工具，也对她手下的 17 个男人作了工作安排，谁打炮炸石，谁出土石方，谁去砌石坎子。17 个男人几乎同声表示：我们听你的安排，莫看我们社领头的是女的，我们个打个的都是男子汉，保证不会狗稀摆吊（方言：拖后腿），我们三社就算是输钱输米也绝不输人。

当年陈正香只有 31 岁，初中文化，还没出征，就看她调兵遣将运筹帷幄，在这些男人们的眼里，这位年轻的下庄村的媳妇就是一位能在战场上叱咤风云的女将军。

出发前的那个夜晚，杨元炳一边准备着出发的行装，一边时不时地瞄两眼身边的 3 个孩子，他们正好奇地看着妈妈收拾行装。

杨元炳喊 11 岁的大女儿帮忙去灶屋里把腊肉拿过来，女儿费力地将腊肉托了过来，她对女儿叮嘱了又叮嘱，喊她在家要把两个弟弟照看好。

由于修路出义务工是按人头来算，杨元炳家有 2 个成人 3 个娃娃，即便把大儿子也带上工地，也还欠一大半的工。这20多斤腊肉就是准备用来抵工的。村里开会讨论过这种情况，如果家里没交齐集资款，或家里劳动力不够，都可以算成价钱折合。这种折合就是以物换物的交换，在下庄村很流行。

杨元炳没读过书，不认识字，但心里是明白道理的。1983年，17岁的杨元炳从骡坪嫁到下庄，两口子感情好，凡事都说得来，第二年就生下了儿子，在儿子才9个月大时，人在屋中坐，祸从天上落，丈夫毛相奎去扒堵在堰沟里的碎石，没想到山崖上落下来一块大石头，正正中中打在了头上，晌午被人抬回了家，下午就断气了。那个和她“说得来”的人就再也不会和她说话了。“有公路的话，当时就送到医院，他也就不会死了。”就在丈夫落气的那一刻，悲痛填胸，杨元炳当即就疯了，时哭时笑，突然哭，突然笑，痴痴呆呆、神神癫癫。

好在有小叔子毛相礼的开导和帮助，杨元炳终于渡过了难关，缓了过来，经人劝说和双方父母同意，她就又嫁给了毛相礼，再后来又生了一个女儿和两个儿子。“不管是大的那个，还是小的那三个，将来他们都是要走出下庄去的，我们当然得把路修好哟。”

本来说得好好的，她们家是由毛相礼去工地修路。可刚商量好，毛相礼就吃了官司。修路，只得是杨元炳去了。

杨元炳纵有百万个叮嘱和千万个不放心，但仍然对女儿和两个儿

▶ 大人们去修路，7 岁的彭淦和 10 岁的彭来就肩负起了照顾自己和照顾家的责任

骆勇　摄（1999 年 9 月）

子说：“我去修路，你们在家要乖一些哟，现在我们都很辛苦，但一时半会儿的辛苦总比你们今后一辈子在这里受苦好哇！”

出发前的那个夜晚，52 岁的张国香安排好了长期卧床的丈夫和正在上中学的儿子，她除了准备好了工地用的锅碗瓢盆外，还特意准备了能装 25 公斤和 5 公斤水的一大一小两个塑料桶，还有捆在腰杆上的绳子。这绳子的用途很多，除了在背水的时候有大用处，睡觉时还可绑在身上防止掉到岩下去。她知道鱼儿溪和鸡冠梁那段路的艰难，做足了战胜困难的心理准备。

对于她报名去修路，还是有些波折的。

张国香嗓门大，声音好，有一副铁板硬朗的好身体，可对于修路来说，她的劳动力显然弱了一些。当社长把全社劳动力搭配好后，毛相林犹豫了一下，还想让社长再考虑一下，他说："如果有村民在下面叽叽歪歪，抱怨不公平，你们内部整得七拱八翘就不好办哒。要不要让大家坐在一起，共同来商量一下？"

开会，谁都没发言，张国香自己主动说道："我们家中没有整劳力，我一个女人，和大家一起干活儿我明显占了便宜。这样吧，我用两天的劳力来抵一天，大家同意的话，明天我就上路出工。"

听了张国香的话，在场的几十条汉子没有一个说她捡了便宜，纷纷表态说："你没占我们便宜，我们不会捡根针当棒槌，哪个会和女人计较这个哟。"

出发前的那个夜晚，陶中翠对 12 岁的儿子说："你要带好妹妹，平时妈妈是怎么喂猪的你就怎么喂猪，我要上山和大家一起修路，你们两个看一套书不要抢，轮着看，不然书都被你们抢烂了。以后路修好了，你们有好多好多书看。"话虽然说得平静，但陶中翠实在不放心啊，自己的男人早就死了，她去修路，家里就只剩她的儿子和女儿了。

出发前，村里的老人和残疾人也坐不住了。

男人们要去绝壁上修路了，女人们也要在岩顶上修路。80 多岁的老支书黄会洪说道："老了，我修不动路哒。我的两个儿子去修。等你们把路修过来了，我还是要去挖几锄头。"

70多岁的老党员吴昌汉和60多岁的沈发白说：“大的事情我们不能做，我们就在庄里看娃儿，帮大家掰苞谷，放羊子，你们放心去就是哒，家里的事我们帮你们盯着的。”

吴昌汉知道不少家庭的情况，大人修路，家里就剩下孩子了。有的家庭是孩子去修路，家里就剩下老人，如果自己常去走走看看，晓得他们安全也好。他还说要去陪陪瘫痪的杨元玖说说话。沈发白说：“我年纪不算大，这点事情我还是能够做的，就算不是修路，平常邻里之间还不是要互相搭个手，我们主动去走一走，看一看，晓得他们各个家里都没啥事情，我们心里也安稳一些。”

残疾人杨元玖也在默默支持和鼓励自己的妻子黄玉芝去修路，默默地准备可能下一次还需要集资的款，默默地把自己小摊上的货物赊给即将出征的村民们。

出发之前，毛相林还带领全村人做了一件大事——集中劳力把村小的房子翻新加固。张泽燕既是这所学校的老师也是校长，这一天，他在村小的黑板上书写了两行大字：“大人流血修路为我们，我们读书为下庄明天。”

出发前，杨姑婆也来到村小。几年前为了修学校，毛相林已经带领着众村民将山王庙拆了，把这块地腾建起了新的下庄村村小，可是每逢初一、十五，杨姑婆还是会到这里来点三炷香，燃两支烛，在她心里，山王菩萨仍然住在这里。杨姑婆颤颤巍巍地又走来了，今天不是初一也不是十五，但她还是点起了香烛，对着虚空拜了几拜，嘴里念念叨叨：“山王菩萨保佑耶，保佑他们上山修路的娃子们都平平安安地耶。”

出发前，驻村干部方四财也做好了长期修路的准备，他已受下庄村党支部和村委会的委托，除了要全面负责协调解决修路的炸药、雷管、导火线这些三材物资外，还要和毛相林一起处理修路中可能出现的各种矛盾和纠纷。要去新的战场了，方四财想着得给老婆打个电话，告诉她最近无暇顾及家庭，要请她多原谅，等路修好了，再慢慢陪伴、好好爱她。遗憾的是，电话打通了，却立即被对面挂断，反复了好几次。方四财叹了一口气，用手掌对着自己的脸猛搓了几把，生生地把脸蛋搓出了几分喜色。

出发前，有一副好气力和好嗓子的彭仁松在村庄里吼了一嗓子又一嗓子：

“大道通苍穹……天地见人心咃……

哪怕山高……路不平哦……敢叫石公哟……踏九川……

天佑我辈……保周全哟，子子孙孙永太平……”

共产党员毛相林望着四周那一团团金黄的、橙红的、橘红的、深红的山野，望着早就准备好的凿岩机、钢钎、大锤、錾子、箩筐、扁担、风灯，望着背着锅碗瓢盆的村民们，眼睛湿润了。

工地上，毛遂自荐代替丈夫当了社长的陈正香果然没有拖泥带水，开工以后，她背着粮食和工具，带着17个大男人来到了鱼儿溪。在三社的工段上，谁打炮炸石，谁出土石方，谁去砌石坎子，陈正香都安排得井井有条。她本人也是干活的一把好手，不仅本社男人服气，其他社的男人也竖大拇指。在村里组织的工段互相考评中，三社多次获得好名次。

张国香的丈夫长期生病，没有劳力，女儿正在读书。她以“两天劳力抵一天”的方式来到了工地上。当时，张国香已经52岁了，和陶中翠两人一起负责两个不同工段的煮饭任务。张国香没有把自己当成老年人，尽心尽力地完成分给自己的任务。当一天工作结束，一些小伙腰酸背痛，张国香就给他们讲故事，或者唱几段山歌。小伙子们躺在草窝里，听张国香唱歌，一天的劳累就烟消云散。下雨天，工地无法施工，张国香就帮大家洗衣服补口子。当公路修过私钱洞后，虽然张国香仍然是负责煮饭，但背水的路径变了，每天要步行5公里到鱼儿溪背水，还得穿过1公里多刚打出来的碎石岩路，有的路段很险，要拉着藤蔓才能经过。煮饭每天要用水200多斤，她背一个能装25公斤的桶，又提一个能装5公斤的桶，来回得走三趟才能满足一天所用。这个工作虽没炸山撬石那么费力，却也是十分辛苦，张国香任劳任怨，又很有亲和力，在崖上给村民们建了另一个“家”，每天吃饭时，村民们聚在一起，说

▼ 张国香在背水途中

骆勇　摄（1999年9月）

说笑笑，谈天论地，她所在的工地时时都有欢声笑语，工程进度也快了几分。

陶中翠在工地上虽然也是干着煮饭背水的活儿，但她和张国香又不一样，丈夫去世后两个孩子就成了她所有的寄托，屋里屋外都靠她一个人撑着，从未让孩子离开过自己。最初她也动了交钱抵工的心思，但孤儿寡母生活本来就很艰难，家里经济一直都很紧张，要开口向娘家借钱，娘家也不宽裕，她开不了这个口，咬咬牙，她主动上山修路。陶中翠上山修路后，12 岁的儿子就顶起了家，在读书的同时还要带妹妹，还要煮饭和喂猪。陶中翠只要有休息喘气的机会，就会站在崖上朝下庄张望，想起家里那两个既没有爹又“没有”妈的儿女，心痛极了，无数次地抹起了眼泪。眼泪归眼泪，心疼归心疼，可她始终没有离开，一直坚持在工地上。

杨元炳的丈夫吃了官司，家里也只有她一个女人带着几个娃娃。和前夫生的大儿子只有 13 岁，为了求生活，被儿子的幺爸带出去学厨师。家里也是只剩下一个姐姐带着两个弟弟，而这个姐姐还没满 11 岁。来到工地以后，毛相林考虑杨元炳是女同志，也是安排她在工地做饭。杨元炳想，陶中翠虽然死了丈夫，但死了的人是不算人头的，她是 1 个人干 3 个人的工，而自己的丈夫在吃官司，还是要算人头，她 1 个人得干 6 个人的工，比陶中翠家要多一倍，这才真是命苦耶。虽然心里喊苦，但她嘴里没有吐半个苦字，早上 4 点钟就起来为她所在的施工队做早饭。灶是石头砌的，三块石头一围，上面放口大锅。吃完早饭天还没亮明白，等到村民们开工以后，她就去背炸药，一袋炸药 40 公斤，背一袋炸药能记 2.5 个工分，动作利索点，路上少歇几口气，一个上午就可以跑两趟，背两袋，记 5 个工分，这样就能抵了半个人工。背完炸药以后，杨元炳又紧赶着到鱼儿溪去背水。在工地上，杨元炳不把自己当女人，拼命地干活，她比陶中翠要坚强一些，从不往崖下家的方向看。可是当她回家取粮食时，看见女儿带着两个弟弟远远地目送她，她的腿就发软，半步都迈不开。她扭头远远地把 3 个孩子再次上上下下都打量了一番后，还是咬了咬牙，背上粮食继续上工地。

要说命苦，在王先翠面前没有任何人有资格说这句话。

刚开始修路的时候，王先翠在家种庄稼，照顾多病的公婆和年幼的女儿，累是累，可和工地上的杨元炳、陶中翠、张国香、陈正香、陈祖英她们相比，再累也不算累。

山上的人难得回家，除非粮食吃完了，才会轮换着下山背粮。哪怕是下大雨，众人都愿意窝在工棚里，要是突然间雨停了，就又可以抓紧干活了呀！所以没有人会趁雨天下山回家。

那天也是下着大雨，王先翠的丈夫心想，前些天听说家里电路坏了，不如趁这个机会回趟家去整修一下。他冒雨下山，结果电路没有修好，自己却触电身亡。王先翠成了家里唯一的整劳力，依照之前村民大会商讨的方案，她得上工地。

日子艰难，她又找了个丈夫。丈夫把她从工地上替换了下来，王先翠又过上了“好日子”。这种“好日子”过了1年多，她怀了孕，生下儿子。儿子刚生下不久，丈夫心疼她，想着让王先翠多休息一下，忙慌慌地想去为家里多砍一些柴烧，没想到，失足摔死了。

这一次没有人替换她了，王先翠再次上了工地。

5岁的女儿和3个月大的儿子只能丢给生病的公公婆婆帮忙照看，儿子没有奶水吃，只有喝点汤汤水水来代替。

毛相林和方四财清楚王先翠的情况，也商量过，对于这种哺乳期的特殊情况之前根本就没考虑过，现在能不能再“网开一面”，再开一次会来讨论一下？王先翠自己就拒绝了，她说：“大家以前定好了规矩的，只有家里因修路死了人的，还有就是村小里的老师可以免除，其他任何情况都不能免，我的两个丈夫都不是因修路而死的，我家里情况是很特殊，哪个家里没有一点这样那样的特殊情况？毛书记、方大学，其他人都能做得下去，我就不相信我做不下去！”

方四财和毛相林对视了一下，我们这些男人修路，是修了一条看得见的路，下庄的女人们修路，那是既在修看得见的路，也在修一条自己的生活之路，修这条生活之路可比那条看得见的路更艰苦。

王先翠个子小，体重只有七八十斤，力气也小，50 斤的桶她背不上肩，背上肩了又迈不开步，每次背水最多只能背 40 斤。要想满足生活需要，杨元炳她们背两趟，王先翠就得背三趟。

他们这个组的男人比其他组的都邋遢，经常脸脚不洗就睡觉。在工地上干一天，满身是灰尘泥土，不用点水来洗脸洗脚，人是非常难受的。他们也不是不洗，只不过是从天天洗变成了三天洗两次，这样可以省着用水。下庄人的心都是淳朴的，大家只能是用自己想得到的办法来暗暗照顾她。

王先翠看在眼里，也不说感谢的话，她和所有女人一样，看着这群邋遢的男人，仍然说着厌弃他们的话。

只有偶尔下山回家的时候，女儿怯生生地看着她，想亲热又不敢，儿子哇哇哭着不要她抱，这个时候她的心才突然紧缩，装不下的委屈一下子都被挤了出来，眼泪冲破闸门，一泻千里。

马泮英是从外面嫁到下庄来的，生病了，不能上工地，她托人给娘家的弟弟带口信，让弟弟来，顶她的工，上悬崖去修路。她给弟弟带的话是这样说的："这是你姐姐家的事，你不帮一下？"

除了到工地上参加劳动的女人外，留在家里的女人们也为修路作出了很大贡献，军功章同样有她们的一半。

骆运芝给人的印象是很爱干净，待人接物很热情，而且又彬彬有礼。下庄人修路的事迹被《万州日报》报道后，影响越来越大，来下庄采访的记者越来越多，有重庆的市级媒体，也有北京来的中央媒体，其中有不少女记者。

怎么接待这些女记者？这让毛相林犯了难。方四财脑子一转，他说要不就把女记者安排住在骆运芝家里，她家干干净净的。

骆运芝二话不说就答应了下来，并且还主动“扩权”和揽事，记者来的时候，她也爬到井沿上去接：“她们城里人哪里走得了这个路哟，有些路段必须扶一把，必须背一段，你们男同志不好帮忙的，我去要方便一些。”

不仅是住，吃饭的问题她也包揽了，也不用村委会安排，把记者接到了下庄骆运芝就到厨房里忙活起来。吃完饭，骆运芝把洗澡的热水也烧好了，“她们走了一天，又是汗又是灰的，不洗好难受嘛。”

第二天，女记者们起床时会惊喜地发现，昨日的衣物已经被骆运芝拿去洗得干干净净，然后在灶屋里用手拿着给烘烤得干干的。

方四财说：“骆运芝没有找我们村里要过一分钱的报酬，我问过她，她说：‘这些记者来下庄，就是在帮我们，我做这些不是为她们，是在为我们自己，给自己做事，哪还需要什么报酬。’”

男人们上山修路，大多数都不是一天两天，而是一去就是数年。虽然抬头就能看见悬挂在绝壁上的工地，却是实实在在不能相聚，是一种能够相互守望的“两地分居”。女人们默默地种田带孩子，成为家庭收入的主要承担者，付出了比没有修路前更多的辛劳，家庭收入却还是实实在在地降低了。

为了修通下庄天路，下庄女人们默默忍受着这一切，撑起了“没有”男人的家。

毛相林是下庄村的村支书，他和下庄其他人家一样，家里也是有老有小。说到修路，哪怕毛相林个人意志再坚决，家里始终也是有这样那样的难处。对于毛相林家里的情况，借住在他家里的方四财是最清楚的，毛相林的妻子和女儿都有病。

毛相林带领村民们去修路，家里那八亩多地的农活几乎都是靠毛相林的母亲杨自芝一个人来收拾。

杨自芝，虽然认不了几个字，却是一个极有主见、为人刚直、思想开明的母亲。她家教严格，教育儿子要学会承担各种疼痛和苦难，成为一个刚直不阿、有责任、有担当的男子汉。

当毛相林向母亲郑重地提出要给下庄村修路的时候，她当然知道在这绝壁上修一条路出来是多么困难的事，可知子莫若母，她知道儿子心里想的是什么，也知道儿子一定会去干这件事，她只是想象不到这条路会修多长的时间，会遇到多少的困难。她就是一个母亲，知道此时此刻儿子回家的倾诉最需要的答案是什么，他最需要的就是母亲的理解和支持。她只回答了一句：“儿啊！你居然想到做这么大的一件事，不简单啊！”

在儿子出发前的那一晚，她又说：“你放心去干，干就干出点脸面。如果路没修好，我要找你哟。”

毛相林向母亲保证道：“妈，你放心嘛，我要干好！”

杨自芝道：“我老了，我修不动路了，我没有别的支持，我保证在家把地种好，把家事做好，不拖你的后腿。”

毛相林的妻子也说：“你忙你的，修路是大事，家里的事有我和妈，你就莫操心哒。”

在悬崖上修路不是小事，毛相林知道，妻子将要承担家庭重负不是一天两天，而是很长一段时间。他很感谢朴实的妻子：“我一定要修成路，以后路修通哒，我给你买一台洗衣机，有了洗衣机，你就不用那么辛苦哒。”

俗话说"男儿有泪不轻弹"，路修通了，但下庄还是那么穷。毛相林心里突然泛起一阵悲凉，他心里很难受。

男儿垂泪

2004 年 4 月，下庄绝壁上的天路终于全线贯通，县里和乡里都来了人，在噼里啪啦喜庆的鞭炮声中，一辆农用车沿这条绝壁上的机耕道开进了下庄。

毛相林哭了，村民们也哭了。

村里很多老人没有见过汽车，见到开进村里的农用车，纷纷问："那是什么？"

毛相林经历了修路的所有艰辛，见到汽车后，这位坚强的汉子泪如雨下，答道："那就是汽车。只要有公路，我们就可以坐在里面，走出大山。"

老人问：“这个东西能装好重？”

毛相林眼泪依然在流淌，回答道：“几千斤。”

老人感叹道：“啊，这么重？那我们以后可以拉煤炭进来烧，不用再去爬山砍柴哒？”

毛相林点头：“当然可以，外面的煤炭、机器都可以拉进来，我们喂的猪、牛也可以拉出去。”

老人继续问道：“这个东西到骡坪要好久？”

毛相林道：“到骡坪只要半个小时，到县城也就只要一个半小时。”

这个时间和距离超出了老人的认识范围，他半张着嘴巴，“啊”了好几声，一脸不敢置信的表情：“那我就可以到重庆、成都去耍？”

“只要身体好，走好远都行，到北京去，我也想去看看天安门。”说到这里，毛相林擦干眼泪，终于笑了出来。

方四财也笑着打趣道：“又哭又笑，黄狗飙尿！老矮，你的眼睛水又不值钱哒？你说说，为了这条路，你哭过几次哒？”言罢，他自己也已是泪光滢滢。

路修通了，毛相林没有再穿工装，而是难得地穿了一件衬衣。衬衣质量不是太好，不透气，毛相林胸膛上和背上都淌出了汗珠。

毛相林解开上面两颗扣子，半露出胸膛。

“你晓不晓得，我现在最想的就是牛娃子，如果他还活起，说不定今天那个开车的就会是他——他好聪明嘛，肯定是我们下庄村第一个学会开车的。还有蒋延成，说不定他真的会去买煤，这第一车煤就是他买回来的。”

牛娃子是毛相林的堂弟，大名叫毛相贵，特别聪明，对山外的世界充满了好奇，9 岁的时候他一个人偷偷爬那条挂壁羊肠道到舅舅家去耍，哪知道他一脚踩虚就摔下岩了。毛相林和牛娃子的亲哥哥毛相斌，还有毛相奎、袁孝恩、袁孝喜等几个年轻人在山里找了几天几夜，先是只找到了牛娃子的一只鞋，后来才在高高的碑梁子下面的一个半岩上找到他的尸体。

“最后我们能找到他，还是靠闻到的气味，找到牛娃子的时候已经臭得不得了了，我们也顾不得，那时我就哭了，不晓得是遭那个味道熏出来的，还是确实是心里难过，以前牛娃子经常跟在我的屁股后头‘哥哥、哥哥’的叫。”

或许，就是在那一刻，毛相林心里就萌发了要修路的意志和决心。

毛相林当上村主任之后，有一天，蒋延成的妻子跌跌撞撞地冲到毛相林家里，见到他就哭：“毛主任，蒋延成昨天出去砍柴，都过了一天了，还没回来，我好怕啊！我两个娃儿还小啊！”

毛相林只要听说谁砍柴一天没回来，就胆战心惊，他立马说道：“走，我组织人去找。”

毛相林心里慌得很，他希望蒋延成平平安安的，或许他只是太累了在哪个地方睡着了。但现实是因为自己处理这样的事件太多太多，他知道蒋延成活着的希望是小之又小。

偌大的一座山上，要想找一个人谈何容易，何况四处还都是悬崖绝壁。经过三天三夜的寻找，人们终于找到了被摔得七零八碎的蒋延成。

现场太惨了，超出了所有人的心理承受能力。毛相林流着泪，用手把一坨坨不成形的碎尸捡拾起来，装在箩筐里。他们小心翼翼地把箩筐抬回村子。进了村，他们就看到哭得像泪人的寡妇带着两个幼童跪在路中央迎接他们，毛相林的眼泪一下子就流了出来。

我现在是村主任，总要给咱村里做点事情。毛相林看到孤儿寡母时心里非常痛苦、自责，如果我们下庄能有一条路，能拉煤炭进来，大家就再也不用冒险爬悬崖去砍柴了，也不会再有这样的惨剧发生了。

或许，就是在那一刻，毛相林心里就坚定了要修路的意志和决心。

1997 年 8 月，毛相林刚满 38 岁，他当选为竹贤乡下庄村村支书。

9 月，毛相林参加了巫山县委举办的村干部培训班。这个培训班有一个课程，就是组织学员们去参观巫峡镇七星村。

10 多年前，毛相林到县城背尿素就经常经过七星村。10 年前的七星村比下庄村穷，10 年后，七星村原来那些土墙房子和茅草房子都不见了，砖房子一幢一幢地立了起来。这还不算，村民邀请他们进屋坐，屋里有个盒子，不少人在盒子里又唱又跳，还有汽车在里面开来开去。村民介绍说这是电视机。七星村人的衣服也不用手洗了，把衣服丢到洗衣机里，电一插，几转几不转，一会儿就洗完了。他们还用上了电磨，粮食倒进去，哗哗哗，谷子苞谷就像脱了一层衣服，白白生生、金金灿灿就磨了出来。

毛相林对着七星村的村民堆起满脸的笑，伸出大拇指赞扬，但他的心里却是酸得不得了。

毛相林心里波浪翻滚，这才 10 年的时间，七星村的变化怎么这么大呀？巫山县党校老师解释说："七星村修了路，村里的东西运出去，外面的东西运进来，生活当然就会发生翻天覆地的变化啦。"人比人得死，货比货得扔，这个村比村又会怎么样呢？看着七星村的新貌，毛相林很是羡慕。想着下庄村里悬崖上没有任何防护的挂壁羊肠道，想着村民们还过着贫穷与落后的生活，顿生强烈的失落感和紧迫感。心里翻起了层层波浪，一浪高过一浪。这次党校组织的实地考察让他有了不安的躁动和难以抑制的兴奋——"村比村"，那就得干呀！

毛相林觉得自己脑子里有了一种特别的感觉，这感觉与往日彻底不同：他想修一条路，修一条下庄村与外界连接的康庄路和幸福路。想到这儿，又一股热血直往上涌。

随即，毛相林又想起前不久乡里开会时领导吹过“风”，讲的也是修路的事：“先给阮村修路，一村一村地修，如果路修多了，以后就村村通了。”

起初毛相林并没有往深处去想，因为当时的公路只是修到了乡里，竹贤乡的各个村都没有通公路。修不修？谁先修谁后修？在毛相林的心里没有具象的参照，但这次到七星村来了一趟，实打实的差距就摆在眼前，修路和不修路，那真的就是天翻地覆的变化啊。那先修和后修，差距也是不得了的呀！

毛相林在心里泛起了嘀咕：乡里说得也有道理，乡里只有那么一点点钱，各个村出义务工也只能出那么一点点人，是得一个村一个村地修。但是，从施工条件来说，我们下庄村是最差的，如果排着队等着一个村一个村地来修，我们要等到猴年马月啊？不过，从交通的紧迫性来说，我们下庄也是最急需一条路的，其他村再差，也有机耕道，我们下庄连机耕道都没有，全靠脚蹬手爬，晚修一年，这一年里，肥猪运不出去，水果烂在地里，名贵药材当柴烧，化肥全是村民用高脚背篼背进来，娃儿读书也没路走，更可怕的是，这几十年里有 20 多个人因为砍柴掉到崖下摔死了，晚一年，说不定就又会多搭一两条人命进去。我们下庄村才是最应该有条路啊！别说等个一年，如今哪怕等一天，毛相林都觉得等不起。

一回到村里，进了家门，也来不及给媳妇打声招呼，他就直接推开方四财的房门："方大学，我有事想和你说说。"

"啥事情？"

"我想修路。"

"哦，修路啊！乡里面不是说先给阮村修路吗？派哪些人去，你想好了呀？"

毛相林知道方四财误会了，解释道："不是，我想自己修下庄的路。"

方四财一惊，反问他："你说我们村自己修路？你的意思是我们下庄村自己修路？你说的是不是真的？"眼睛对着眼睛，他看出毛相林没有半点开玩笑的样子。

毛相林道："是的，我说的是我们村自己修。我们下庄村自己出劳力修路。"

方四财万万没想到毛相林会提出要自己修路这事。目前乡里的修路计划中并没有下庄村，也就是说，如果我们下庄要修路，这是计划外的，乡里是没有资金和劳力等支持，靠下庄村自己修，行不行哟？虽然他相信毛相林说了想修路，一定是经过深思熟虑的，也知道他看准了的事就一定会去做，但方四财仍然有些担忧，问道："乡里规划了几条路，虽然暂时没有我们下庄，我们自己修，上级领导怎么想呢？"

毛相林说：“我们先修了再说。出了事，我毛矮子顶起。如果想等到别人来帮我们修，那不晓得要等到何年何月。我知道上级领导对修下庄的路不一定有信心，这个也能理解。与其被动地等，还不如我们主动修路，这也符合政策。大家修了路才能致富，我们是响应区里和乡里的号召，自己先行动起来，不能等，不能靠！我这不是犯错。我要为群众做一件好事。方大学，要干我们就一起干，干出大名堂，让我们下庄村彻底变个样。”

方四财沉思了片刻，又接着抛出问题：“老矮，做这件事困难有好大？你想过没有？”

“只要让后代子孙不受苦，我再累 10 年都要去做！这事做得！”

“我们没有钱啊！”

“大家集资！”

“我们没有雷管、炸药和技术啊。”

“困难再多，也没有办法多。”

方四财又问：“你为什么流眼睛水了呢？”

毛相林扯起衣袖拭了拭眼角，嘿嘿一笑：“遭哒，把我自己说激动哒！”此时毛相林感到从未有过的激动，他知道下庄人马上就要干一件大事了，干一件让子孙后代都享福的大事。

很快，毛相林组织召开了几次村社干部和党员的会议，组织召开了村支“两委”会议，组织召开了村民大会，达成下庄人自己给自己修路的共识。

乡里再一次开会，毛相林和下庄村的代表站起来表态：“我们不是反对乡里先给阮村修路的决定，上面规定了村级公路自己修，国家那么大，地方那么多，下庄村在山旮旯里，如果靠等，等 10 年也难得修到我们下庄，政府一时顾不过来，但是我们不能等，不能靠。修路致富是我们现在的大事，路修好了，才能彻底改变我们下庄村贫穷落后的命运。我们要修下庄村的路，我们自己修！”

站在他旁边的方四财扯了扯毛相林的袖子，轻声说：“你的眼睛水又要飙出来哒！”毛相林赶紧又扯起衣袖拭了拭眼角。

虽然他们没有响应竹贤乡政府先修建阮村公路的号召，但是骡坪区委和竹贤乡党委还是对下庄天路的建设给予了充分的理解和大力支持。2000 年 4 月，竹贤乡组织全乡干部到工地慰问。2000 年 5 月，骡坪区委领导同志来到工地，表示要帮助下庄努力争取修路资金。毛相林和他们握手后，又忍不住扯起衣袖拭了拭眼角。

方四财问毛相林：“老矮，你说句老实话，沈庆富死的时候你是不是一滴眼泪都没有流？”

毛相林从裤兜里摸出半包烟，抖出两支，一支递给方四财，另一支递上嘴唇。他的手微微地抖，火柴划了好几次才划燃。

时间已经过去7年了，但毛相林始终记得沈庆富的样子，一个大男人，说个话还羞答答的。

沈庆富死后，毛相林、杨元国等人拼命赶向出事工地，探头朝下看，只能看见一堆乱石在山底。

夜色越来越浓，寒气彻骨，村民们都没有离开，就在一侧山脚生起一堆火，默默地守候着躺在不远处早已牺牲了的沈庆富。毛相林坐在火堆边，他扫视了四周，所有人都看着他的脸，毛相林心里十分悲痛，但他强忍着，他心里明白，此时此刻既不能掉一滴眼泪，也不能出现任何退缩的表情，这个时候只要自己一软弱，整个士气就短了，军心就散了。

众人皆无言。毛相林拿出香烟，给火堆边的人一人散了一支，又叼了一支在自己嘴上，从火堆旁捡过一根燃着的小树枝将香烟点燃，然后站起身，往沈庆富的方向走了两步，弯腰，将这支点燃了的香烟插在地上。

毛相林发现，自己拿着香烟的手不受控制地在颤抖。

第二天天亮以后，村民们把摔得变形的沈庆富抬到木板上。毛相林整晚都在故作镇静，但是看到门板上的沈庆富，他立刻就将自己的头高高昂起，他把目光投到了大山最高处，那是下庄这口井的井沿。头高昂着，泪水就流不出来。

50 天后，黄会元牺牲，毛相林得知此噩耗，双腿发软，他在身上摸出烟盒，手抖得厉害，竟然无法将那一支香烟送到嘴上，他叹了一口气，又抖索着将那支香烟别在耳朵上，就带着村民们下山寻找黄会元遗体。

抬着黄会元遗体回到村里这一路，毛相林作好了挨打挨骂的心理准备，但出乎意料的是，黄会元的父亲只是语调沉重地向他们道了一声谢："谢谢你们把黄会元找回来哒。"

毛相林完全没有料到黄益坤会说出这样一句话，他终于控制不住感情了，双倍的悲伤终于在这一刻寻找到了决口，他如小孩一般"哇"地哭了起来。

在黄家院坝为逝者守夜，大家举手表决，300 多人围着一口棺材，高高举起手臂。毛相林性格坚强，很多时候他想哭，但泪水只能是硬生生地憋回去，现在看到竖立如林的手臂和男男女女、大大小小的村民们坚定的神情，他放弃了坚强，任由泪水唰唰地往下流。

站在刚刚修通的公路上，毛相林对方四财说："这些年，从开始有修路的设想，直到今天，我一直都很犟，认定了这条路必须修通，也一定能修通。但实话实说，也就是黄会元死的那一天，我害怕了，我真的害怕再死人啊，我不想修了，我心里打了退堂鼓，后来，300 多人齐刷刷地举手，他们每个人都不怕死，那我毛矮子还有啥子怕的？我没有理由再退半步！所以，后来我遇到再难的事，都觉得是小事，修路才是大事，只要能把路修通，喊我做啥子都可以。”

“做啥子都可以？那你还去不去县城广场上睡一觉嘛？”方四财笑道。

俗话说，登天难，求人更难；黄连苦，没钱更苦。

好汉不求人，毛相林从不认为自己是好汉，为了修路，需要求人的事情太多了，求人就得受委屈。

毛相林是下庄村村支书，是修路带头人，得为修路的总体进度负责，操心的事情比其他村民要多得多。随着公路向前延伸，三材物资消耗得很快，毛相林便和另一个村民前往巫山县城拉炸药。

到达县城时已经是傍晚，吃了碗面条，两人在县城里走了一圈，发现最便宜的旅馆都超出了他们的预算。毛相林和村民们把砸锅卖铁的钱全都投到工地上了，已经成了货真价实的“穷光蛋”。为了节约钱，两人在广场睡了一夜，与其说是睡，更准确的应该说是在广场上坐了一夜。长江江岸的冷风以及来来往往汽车的尾气不断从两人身边拂过，这对于普通人来说是一件悲苦之事，两人经过绝壁窝棚的锻炼，还真没有把这点苦累当回事，坐在广场椅子上，讲些工地上的笑话，时间就一点一点过去了。

天亮之后，两人拉着炸药准备回下庄，还未出城就遇到了公安局治安大队巡逻人员。两个蓬头垢面的农民拉着大量炸药，着实令人生疑，纠察队非常负责，当场扣押了炸药。不管毛相林怎样解释，对方始终都不肯放行。不得已，毛相林只得去找了一圈的人，每找到一个人就需要将事情的前因后果解释一番，因为所有的人听到他说是下庄村自己在修路，没一个人会相信，但一个一个地解释下来，每个人都被感动了，人人都愿意帮忙，然后就赶紧帮忙联系人，就像击鼓传花一般，最终几经周折，找到了县公安局的政委，说明了情况，这才予以放行。

为了修路，在广场吹了一夜冷风对于毛相林是小事，可是被巡逻人员当成坏人对待，着实让他感到委屈，而一次又一次的解释和说明，那些苦那些痛，那些哀伤，每说一次就会被翻出来发酵，每一次解释其实都是在往毛相林的心尖尖上撒盐。放行的这一刻，意志坚定、性格刚强的毛相林突然间就流下了大颗大颗的眼泪。同行的村民一边陪着他落泪，一边又对他好言相劝。

毛相林擦去眼泪，自我安慰道："我们要做成这一件几辈先人都没有做成的事，肯定不会一帆风顺，吃点苦就吃点苦，受点委屈就受点委屈，我们受的委屈和吃的苦，就算是帮我们的儿子吃的，就算是帮我们的孙子吃的，不亏！"

炸药等物资拉到了工地，工地顿时有了生气，"轰、轰"的炮声又在山梁间回荡。这一批次的炸药仿佛是特别制作的，声音格外的高亢和响亮，似乎是要替毛相林吼出心里所有的委屈。

但是很遗憾，这些委屈并没随着这一批炸药的炸响而烟消云散，反而像群山里的回响，一波又一波。

任何事情都不可能一帆风顺，在悬崖上修路更是如此，总有层出不穷的问题需要毛相林去解决。

毛相林发现三材物资偶有流失。经过调查，发现有村民藏掖了一些。下庄苦寒，平时很难接触到这些物资，村民在家里挖屋基开荒地都是靠人力和手工，现在看到工地上用了这些玩意儿，轰的一声，要省好大的力哟，于是有人就动了点心思，反正修路时要消耗大量的炸药、雷管和导火线，顺便藏点掖点也没啥。

发现这事以后，毛相林内心很焦急，一方面，三材物资是用来修路的紧缺物资，而且是国家严管的物资，绝对不能私自拿回家，若是不制止这个苗头，以后说不定会出大事；另一方面，处理这个事情非常考验技巧，村民们砸锅卖铁冒着生命危险来修路，这事稍微处理不好，会严重挫伤村民们的积极性。别看毛相林平常说话做事给人的感觉是风风火火的，甚至有些毛躁，但这个时候他很冷静，并且想到了找援兵，找智囊。

他独自下山找到老支书黄会洪和原乡武装部长袁华武商量对策。两位老人的意见不谋而合，袁华武道：“村看村，户看户，群众看干部，只要坐得正，就能管理好这些物资。毛相林，你自己能做到一点都不拿这些物资吗？”

毛相林回答：“我绝对做得到。”

黄会洪说：“既然你能做得到，那就召开村民大会，你们村干部带头赌咒发誓，绝对不动公家的东西。”

袁华武点头应和：“这个办法好，鸡往后面刨，猪朝前面拱，不管啥子办法，只要能够解决问题就是好办法。”

在下庄这个古老的村庄，传统和现代、愚昧和文明、封闭和开放，种种矛盾交织在一起。袁华武和黄会洪提出的处理方式非常质朴，也非常有针对性。毛相林随即与村委会一班人商量，也得到了大家的支持。很快，下庄召开了一次特别的村民大会。在会上，毛相林没有讲大道理，他和村“两委”的一班人走了出来，每人都拿起一炷香。

“苍天在上，黄土在下，上面有了资金扶持，有了物资支援，我毛矮子要是贪污了一分一厘，死在公路上丢人现眼。”毛相林把点燃的香举过头顶，跪倒在地，向着施工的方向重重地磕了 3 个响头。

其他干部也对着工地方向磕头发誓，纷纷说出誓言：“我要是私自拿了一两炸药、一根雷管、一寸导火线，天打五雷轰，沟死沟埋，路死路埋。”

在村干部带头下，参加修路的村民们也自觉地面对大山跪了下来，对天发誓。磕头发誓是原始的、朴素的，却掷地有声。自此以后，三材物资再也没有流失。半年后盘库清点，账物清清楚楚，没有一点流失。

但这件事并未到此结束。2002 年 11 月，从动工到现在已经用了 5 年的时间了，上级重视，社会关注，最艰苦的地段已经打通，资金和物资的困难都得到了缓解，聘请的施工队和施工机械都进场了。曾经发生过的三材物资丢失事件又被人翻腾出来，而且沈庆富和黄会元因公牺牲的事也成了对毛相林的责难。毛相林落选，不再担任村支书职务。他也不再是村主任。他成了一个普普通通的党员，一个普普通通的下庄村村民。

每一天，他仍然会在工地上忙活，村民们仍然喊他“老矮”，他和村民们仍然互相递烟，彼此借火。

方四财问他：“老矮，委屈不？”

“我们两哥子在一起说话也没必要遮遮掩掩，哪个会不委屈嘛？这些年你为修这条路，也被陷在了我们下庄，错过了好多提拔的机会哟，那我也问你一句，你委屈不？”

“你少往我身上扯！你委屈，这一回哪个没看到你哭呢？呵呵，上一次你去城里被公安局逮到起，据说是哭得哇呀哇的……”

“喊！”毛相林扭头就走，走了几步又回过头来，“那次是修路，是大家的事，这哪个会是一回事嘛，我个人的事又有好不得了嘛，没有当

▶ 方四财（右一）一直是陪伴着毛相林（右二）的好战友，图为他们在和老支书黄会洪（左二）、村会计杨元鼎（左一）一起现场勘察线路
骆勇　摄（1999 年 9 月）

村支书，是因为有更合适的人，我又没少一根头发没少一块肉，看嘛，我还在修路噻，我当村支书是在修路，我不当村支书一样在修路，有啥子不一样嘛，我还轻松一些。”

2004 年 4 月，下庄天路通车了。

2004 年 12 月，下庄村和“井沿”上的两河村合村。经过村民大会选举，毛相林再次被推选为新的下庄村的村民委员会主任。此次投票选举的不仅有原下庄村的村民，也有很多是原双河村的村民。这些年，毛相林做了些什么，他们虽是“外人”，却都是看得清清楚楚的。

本该发表一点当选感言，可毛相林一时语塞，站了半天，就说了一句话：“你们选我出来做啥子呢？”

村民们也东张西望，窸窸窣窣地过了好一阵，声音越来越小，越来越轻，终于，会场变得和大山一样的沉寂。

有人说话：“老矮，你看哟，路修通了，但我们还是穷啊，这和你原来说的不一样哟！你说路修通了我们的日子就好过了，现在呢？路修通了，有点门路的就顺着我们这条路走了出去，去挣大钱去了，我们这些没有本事的还不是只有留在这个井底。啷个做嘛？老矮，你带着我们想办法哟，我们相信你！”

这一下就像清晨时分将一颗鞭炮扔进了树林，顿时就炸得燕雀纷纷嚷叫，众人七嘴八舌：“是的，我们相信你！”

“我们跟着你干！”

“毛主任，你莫想撂挑子哟，路还没有修完哟！”

毛相林看了看大家，坐了下来，摸出一支香烟，打着了火，吧嗒了几口，好像这支香烟受了潮，烟味有点呛，把毛相林的眼泪又熏了出来。

毛相林扯起衣袖，又拭了拭眼角，是泪水。

他并不是因为村民们的信任重新选举他而激动得落泪。路修通了，但下庄还是那么穷。毛相林心里突然泛起一阵悲凉，他心里难受。

狂想曲

再续新路

他们用不舍昼夜的给出生机
换来了信息，科技，人才的生机
不舍昼夜地回流下庄，扎根下庄

一切都是透亮的，干净的
道路，房屋，水厂，村规，精神
连同他们挽起的裤管上的泥土
和泥土味的乡音，乡容

他们扛下了所有的黑色
以背景色，骨气色，劳动人民本色的姿势
扛起了巫山县委党校下庄校区的红色大旗
培育了劳务输出、西瓜种植、柑橘种植
蓝绿橙『三色』经济
生养了一代又一代来此寻根的赤子之心
他们曾被遗忘
他们也终将会被永远铭记

（南木子）

看，就是那条天路

黝黑的皮肤，黝黑的皱纹
把他们钉在山上
变成太阳的另外一种颜色
变成山的另一种存在方式
这条路用了七年
『挖』『凿』『钉』『锤』这些字
生就一副
咬紧牙关，青筋暴露，艰苦奋斗的样子
也是他们每个人的样子
是『建功必须有我』的样子

生存之路到脱贫之路的转变
是从这条路一直向上，一直向上
托着他们走出去开始的
看，就是那条天路
带着永不停歇的脚步声

下庄村的整体脱贫是巫山县全面打响脱贫攻坚战的一声号角，是巫山县在脱贫攻坚战役中的第一声开山炮响！下庄，为全县 120 个贫困村、2.46 万户和 8.9 万名贫困户脱贫树立了标杆，成为榜样。但是毛相林却认为，下庄村的脱贫结果并不适合做“标杆”，他们还要修一条自己的脱贫致富之路。“不等”“不靠”“不要”是下庄人深植于骨子里的信仰。2004 年到 2015 年，11 年的时间，下庄又修通了一条脱贫致富的路。这条路同样的曲折和艰难，也同样的光彩夺目。

拨云见日

“好，我们再修一条路！”在当选村委会主任的那一天，毛相林对着村民们说。

从 1997 年开始，7 年时间，参加修路的是所有下庄人，前后牺牲了 6 人，总共修通了 8.5 公里长的公路。虽然此刻的公路还是泥结碎石路面，但是下庄与新时代的血脉已经彻底打通，这条如飘带一样挂在悬崖上的公路成为下庄脱贫致富的希望之路。

毛相林所说的再修一条路，就是下庄脱贫致富的路，他们要将希望变成现实！

2004 年 12 月到 2013 年 7 月，9 年的时间，下庄村村主任毛相林带领新的下庄人开始了一条新路的建设。这是脱贫之路。蹚出一条脱贫致富的路比开山挖石修建那条可以看得见的下庄“天路”更艰辛。这条道路上没有鲜血，却有更多的汗水。

2013 年 8 月，村委会换届改选，毛相林再次当选下庄村村主任。

2020 年 8 月，毛相林已经 61 岁了，下庄村党支部换届，毛相林当选村支书，并兼任村委会主任。

每换届一次，群众就托举他一次，一次又一次托举，为的是什么?

请注意几个时间节点：

2015 年 11 月，巫山县全面打响脱贫攻坚战；2018 年 8 月，巫山县正式宣布退出国家扶贫开发重点县；2020 年 7 月，巫山县高质量接受国家脱贫攻坚全面普查……脱贫攻坚以来，全县累计完成 120 个贫困村 2.46 万户 8.9 万贫困人口脱贫。

摆脱贫困、奔向小康，是巫峡儿女千百年不改的梦想，也是巫山县党员干部矢志不渝的追求。再回到下庄，请注意这个时间节点：2015年，下庄村在全县率先实现整体脱贫！

下庄村的整体脱贫是巫山县全面打响脱贫攻坚战的一声号角，是巫山县在脱贫攻坚战役中的第一声开山炮响！下庄，为全县120个贫困村2.46万户8.9万贫困人口脱贫树立了榜样。

但是，毛相林却认为，下庄村的脱贫结果并不适合做“标杆”，他说：“虽然下庄人做了很多很多，但我们在这条路上一直在摸索、在试错，之所以能顺利走出来，是因为我们得到了太多来自政府以及社会各界的照顾。”毛相林用的是“照顾”一词，言下之意，这是一种偏爱。

下庄人是懂得感恩的，他们从不标榜自己修路的壮烈，而是认真记得对他们一点一滴的帮助。毛相林接受过很多次采访，无论是哪家媒体，也无论来采访他的记者是不是初出茅庐的新人，他都谦恭有礼。他的习惯动作就是摸出香烟给记者递上一支。

“在全国，像我们一样修路的村子可能有几百上千个吧，唯独让大家知道了下庄，知道了我毛相林，这都得感谢你们记者。”

事实也是如此，1999年8月12日，《三峡都市报》以《凿天坑》为题整版报道了下庄村自发修路的事迹。1999年9月30日上午，记者们再次到下庄修路工地采访，目睹黄会元壮烈牺牲，而牺牲前后的影像和来自第一现场的报道更是冲击着每一个读者和观众的心。下庄修路的壮烈歌声被进一步放大，被传得更远，也得到了社会各界更大的关注和帮助。

巫山县委发出《关于开展学习“下庄精神”活动的决定》、县委中心学习组赴下庄召开现场会、《下庄人》大型图片展开展……

可当年《万州日报》驻巫山记者站站长侯长青并不赞同毛相林的这句话，他说：“下庄修路，的确因为媒体的放大和传播才被外人所知，才引起了关注，但媒体不会编造新闻，不会去捕风捉影渲染泪点，这一切的根源，还是在于下庄人，是他们在拼搏，是他们的拼搏感动了记者，再进而感动了更多的人。一石激起千层浪，是下庄人默默拼搏震动了巫山的百万雄峰，以及更远的群山。”

下庄修路的事迹传出后不久，在开县（现开州区）温泉镇，天池、八角、天坪、九岭 4 个村的群众也学习下庄，主动向镇里和村里提出要修通村与村、社与社之间的“断头”路；万州区凉风镇保安村在“下庄精神”的感召下，自发组织起来，修通了 6 公里的公路，实现了该镇村村通公路的目标。

的确，媒体对下庄人修路的一系列报道给下庄带来了各种实实在在的好处：电话通了，电视信号也有了，各种社会捐赠款项、政府拨款也使得后期公路修建变得轻松了。中央电视台三套节目“文艺网站”栏目制片人胡迎节到下庄采访后，得知毛相林的女儿毛莲俊患眼疾几乎双目失明，主动表示要把她带到北京去治疗，不要毛相林他们家出一分钱，连路费、衣服都不要。

多年以后，有记者采访毛相林时，问过他如何看待媒体采访对下庄村的帮助，他嘿嘿嘿地笑了一阵，然后说，如果那时没有记者来采访，可能等不了多长的时间，自己也会爬出山去主动找记者，因为当时修路一开工，才晓得那个真是难呀，难得大家把牙巴都要咬碎了。“我不是要记者来帮我们编故事，只是想让他们帮我们说说心里话，让别人知道我们难到了什么程度，很多人的家里再也挤不出一元钱了，我们村里的寡妇都上到工地上去抬石头哒……感谢呀，感谢社会上那五角一元的捐款，感谢市里、县里对我们下庄修路的支持。”

“如果你找不到记者，或者媒体报道了，没有任何反响，你会怎么办？”

毛相林沉思了片刻：“可能我们还是会继续咬起牙巴干！可能路没有这么快就修好，可能还会有人牺牲，但我们一定会把路修通，不是现在这个7年修通，可能是10年，也可能是20年，但我们一定会修通。”

记者说，这虽然是事后的采访，但他相信这应该是毛相林当年的真实所想。因为，毛相林和下庄人之所以要决定修路，自始至终，就是因为他们“不等”“不靠”“不要”！这是下庄人深植于骨子里的信仰。否则，下庄的“发迹史”就将终止在2004年通车的那一天。

2004 年到 2015 年，11 年的时间，下庄仍然是“不等”“不靠”“不要”，又修通了一条脱贫致富的路。这条路同样的曲折和艰难，也同样的光彩夺目。

下庄的富裕是因为肥沃的土地，下庄的贫穷是因为交通的阻隔。2005 年下庄天路修通以后，如一道大门打开，曾经吃不完但又换不来钱的粮食、蔬菜、水果运到山外变成了稀罕物，受到乡镇集市的欢迎，也给村民带来了收入。但是这些零星收入毕竟有限，原本肥沃的土地连通外部的世界后，也没有变得更有价值，没有产业发展，村民富不起来，还是贫穷。因为贫穷，老百姓的日子仍然不好过。

路修通之前，下庄仿佛被世界遗忘，路修通之后，毛相林发现，他们慢了一步，下庄仍然被时代遗弃了。

毛相林焦灼不安，时刻想着找脱贫致富的办法。

别的村逐渐富裕起来，下庄还是穷，毛相林心里很不是滋味。无数次，他从山外回来后就在鸡冠梁下车，一个人坐在鸡冠梁上，点一根烟。修路已成过去，未来的路会是什么样呢？

“我不相信致富比修路还难！”

毛相林望着峭壁上的公路，总是想起以前修路的事。修得成路，也脱得了贫，致得了富。他有信心，可是光有信心不行，还得有脱贫致富的具体办法。当前下庄最大的问题是走不出自耕自食的传统农业经济，找不到增加收入的致富门路。

下庄，这个山清水秀、土地肥沃的山谷之地，究竟搞什么产业才能脱贫致富？这个问题不是什么新考题，其实这是一个久未解决的老问题，毛相林为答这道题，已经有过两次产业失败的教训。

1982年，毛相林23岁，担任大队长，看到邻村种高山漆树赚了钱，他心动了。

在竹贤乡东边，紧邻朝阳坪有个药材村，那里背靠湖北省神农架，地势高峻，气候寒冷，盛产黄连、当归、独活、天麻等中药材，也产漆树。

从漆树上割下来的漆用来做涂料，刷家具不容易坏。每根漆树可割1斤多的漆，每斤可卖100多元。

村民肩背背篼，手拿锄头，跟着毛相林到药材村所在的深山里挖小树苗，每个人背100多根小树苗回来，挖了一次又一次，背了一趟又一趟，将2万株羊羔大木漆移栽到了下庄的土地上。他们准备在漆树长到大拇指粗后，就移栽到田坎。这些漆树能长到4米多高，若是都成活了，每年割一次，2万株漆树年收入可达200多万元，收入十分可观。

被贫穷困扰的下庄人真的是"想钱想疯了"，那天晚上很多人都睡不着，栽漆树竟然可赚大钱？这个夜晚，毛相林也辗转反侧，沉浸在为村民带来经济效益的喜悦中。

第二天早上起床以后，毛相林觉得脸紧绷，抬手摸脸，顿觉火烧样疼痛，又去照了照镜子，这才发现脸又红又肿。伸手再看，自己的手背也肿得跟泡粑似的，一碰就破，流出黄水。他迷糊了，一晚上没休息好也不至于就成这样了吧？

出得门来，毛相林在拐角处碰到村民杨元鼎，看见杨元鼎脸上同样是肿成泡粑，成了“大胖子”。袁堂清也走过来了，说他手一碰到漆树，就又痒又痛，身上都烂了。

杨亨华当时还没有“接班”当村医，但毕竟从小就跟着父亲认草药采草药，耳濡目染，多少也懂一点医理，他说这可能是漆树导致的过敏，有些人碰不得漆树，漆树的浆汁沾到身上就会让人过敏，严重的还会导致皮肤溃烂甚至过敏休克。

他马上开出土药方，帮毛相林他们消肿止痛。

村里把栽种有漆树的地块划成“禁区”，挑选了几个对漆树不过敏的年轻人负责看管。毛相林他们想的是，种漆树哪怕人可能会受点罪，但比起受穷，大家都愿意选前者。可即便如此，种漆树会给下庄带来财富，最终还是成了空想——下庄属于低山，温度高，漆树遇高温承受不住，当年夏天就全部热死了。

说起这段往事，毛相林唏嘘不已。忆起当年上山挖漆树的伙伴，那是青春啊，这次的逐梦，就像青春一般，热烈，记忆深刻，但又匆匆流逝，这些一起背着树苗回下庄的伙伴有的已不在人世了，毛相林在心里想念他们。

种漆树不行，又琢磨种烤烟。2005年两河村拆出一半与老下庄村合并，原两河村的几个社重新划分为新下庄村的一社和二社，老下庄村划分为新下庄的三社和四社。一社、二社在“井沿”，三社、四社在“井底”。毛相林当选为新下庄的村主任后，就把注意力放到了一社和二社。

一社、二社种植烤烟赚了钱，富裕起来，日子过得殷实。三社、四社依然如故，沿袭着祖辈靠种红苕、洋芋、苞谷这“三大坨”的生活，收入低，只能在温饱线上挣扎。

以往一社、二社在“井沿”，虽然交通条件比“井底”的三社、四社好，但经济条件要差得多，井外的姑娘都愿意“下嫁”进老下庄，老下庄的姑娘都不愿意嫁出去。井底谁家娶媳妇，喜宴办得那叫热闹，惹得井沿的村民都眼热。现在“井底”到“井沿”的公路修通了，但“井沿”占据交通便利的优势其实也就更凸显出来了，7年时间，“井沿”脱贫致富的产业发展也已经搞出了自身特点，现在是“井底”的姑娘愿意嫁到“井沿”，而“井沿”的姑娘愿意往外嫁。

毛相林本来就是“井底”的人，知道怎么去做三社、四社村民的工作，这个工作也很好做，“想不想和一社、二社的一样发展”一句关键的话，讲透了现实，摆出了希望，打消了虚荣心。

毛相林带头，三社、四社的村民也跟着干，向一社、二社学习种烤烟，准备通过种烤烟致富。都是一家人了，一社、二社的村民也不藏着掖着，都愿意拉下面的兄弟姐妹一把，把种烤烟的各种技术细节倾囊相授。很快，三社、四社都把烤烟种植起来了，烟叶颜色纯正，烟苗长势喜人。

可是，老天还是跟老下庄人开了个大玩笑，下庄井沿的一社、二社海拔高度 1600 米，适合烤烟生长，烟叶出油，质量很好，井底的三社和四社的海拔高度只有 278 米，气温和湿度比上面高，看着烟叶也蹭蹭地长，但不出油，收割晒干后一经回潮，立刻就变成了一把粉末，毫无经济价值。

老下庄的人只得望烟兴叹。

劳而无功，这一折腾，下庄人的生活更困窘了。但是，大家还是信任毛相林，因为种漆树时，毛相林和他们一起烂皮肤，现在种烤烟，毛相林和他们一样颗粒无收。

随后，毛相林又动员大家一起种植桑树养蚕。最初，看着桑树长得郁郁葱葱，蚕宝宝也吃得肥滚滚的，眼看着就要结茧卖钱了，谁又能想到，仍然是因为老下庄的气温高，蚕宝宝患上了蚕脓病。

难不成下庄就该受穷吗？问苍穹，毛相林湿了眼。

毛相林走出家门，漫无目的地在村里转悠，不知不觉竟然走到了老下庄村口，他抬眼看着眼前的下庄天路，那是他和村民们一寸一寸挖出来的，山凿一尺宽一尺，路修一丈长一丈，“天路”付出了心血是能看到成果的，可这脱贫之路怎么比我们修下庄天路还要难呢？

毛相林沿着公路往上走，一寸一寸地看，每一寸都有故事。就这样，他默默地走了两个小时，慢慢走到了岩子口，他坐了下来，从兜里摸出烟，点燃，咂吧两口。他俯瞰着脚下这片熟悉的热土。

烟雾弥漫，升腾，他透过烟雾，心思又转到如何带领村民致富的思考中。难道我们下庄的人就只能沿着这条路走出村去，去打工，去输出劳动力？如果只有这样才能让村里的老百姓的日子过得好一点，那我们修这条路究竟有什么意义呢？下庄村的这块土地又有什么价值呢？那不如我们整个村都迁出去。

路哇，路哇！

一支烟很快就燃完了，毛相林想起了老支书和方大学。以前修路遇到难题，他会去找老支书讨教，身边又还有方四财帮着出谋划策。可现在老支书已经去世，方四财又调去了其他地方。

毛相林一拍大腿，嗨呀，老支书不是教过我嘛，群众路线是我们工作的法宝，当时修路我们是所有人都上阵，每个人都在出主意，现在我们要找的脱贫之路也是大家要共同走的路，虽然没有了老支书，方大学也不在下庄村了，但我们这些村民都还在，为什么不听听大家的意见呢？

2012 年的那天傍晚，村里开院坝会。凡是召开全村人参加的院坝会，必然会有事关每家人的大事要发生。夜色沉沉，微黄的灯光照着村民的脸，大家既安静又有些许兴奋。

毛相林拉开话题："有些人出去打工挣到了钱，但我们的地里却一直变不出钱来，我们是农民，土地是我们农民的根，我们还是要想想办法。今天大家就来讨论一下，我们下庄村的地里究竟种啥子才能卖得到钱？"

有人接话："老矮，去年和前年我们不是种了西瓜吗？安逸得很，我们今年就继续跟着你种就是。"

"你们要种西瓜，要得！但是种西瓜季节短，价钱不高，光靠种西瓜只能找点闲钱，不能彻底脱贫致富。下庄要发展，需要在种西瓜的同时找到更长久，更大规模的产业。"说到这儿，毛相林稍有停顿，"大家想想，搞啥子呢？"

有人等不及，直接问："毛主任，你有啥子想法，直接说出来嘛。"

多年来，村民已经习惯了跟着毛相林的步子思考。毛相林这样问，多半是心里已经有了主意。村民也懒得去猜，就想直接知道他想搞啥子，如何去搞。

这次不同，毛相林跟大家讲起了下庄的历史。下庄从老一辈迁进这个村庄，数百年来，一直保持水绿山青。下庄人世代生活在干净的山坑里。有人提议过搞养殖业，来钱快，“那样会把周围环境弄脏，前辈也不答应，我们这辈也无法交代”。

“那搞个啥子嘛？”有人问，“这不行那也不行，搞么子能行嘛？”

毛相林这才触及正题，说道：“你们看，奉节县和我们巫山曲尺乡的柑橘发展成熟哒，我们来种柑橘唧个样嘛？”

有人站出来反对，把袁孝恩过去种柑橘没成器的事情搬出来说。袁孝恩坐在角落，一言不发。

袁孝恩试种柑橘的事发生在20多年前。那时他还在担任二社社长，做事不惜力，又还喜欢动脑筋，甚至还尝试过承包村里的作坊做火纸，结果不但没做成功，还背上了债。

做火纸没有赚钱反倒欠起了账，有一天袁孝恩去地里干活，碰到毛相林在田地边转悠，袁孝恩叹了一口气：“老矮，我们下庄太穷了，感觉一年干到头，看不到啥子希望。”

袁孝恩的苦闷毛相林感同身受，但他没有表露出来。毛相林站在田边，说道：“我们还得想办法，这个山窝窝里头，不想办法自己做，就没得出路。哪怕做错了，也比不做强！”

听毛相林这样说，袁孝恩猛然想起他家亲戚在奉节，便跟毛相林聊起种柑橘的事情。他家亲戚种了10多亩柑橘，收成很好，袁孝恩说自己也想试一下。

年底，袁孝恩背回柑橘苗，栽种，浇水。柑橘苗在土里扎根，生长，在农家肥的饲养下长高，长叶，开花，次年挂果。但是他不懂施肥和打药的窍门，柑橘受到虫子啃噬，又一次劳而无功，袁孝恩的柑橘梦断了。

下庄天路动工后，袁孝恩也参加了修路工作，带领着二社的村民上了工地，他不能出去打工挣钱，家里人的生活，买肥料种子也都需要用钱，日子过得一天比一天难。

袁孝恩只得找亲戚借钱渡难关，欠下了不少的债务。2010 年，毛相林在村里试种西瓜时，袁孝恩害怕又像种柑橘那样，辛苦了一年，结果自己贴了人工又贴钱，血本无归。

他跑到广东去打工，当年收入 1 万多元，勉强还清了欠债，心里还有点窃喜。结果等他返回下庄，仔仔细细一算账，这一年如果他留在家里种西瓜，当年的收入可能不会比打工挣得少。“啷个我总是踩不到点子上哟！”袁孝恩郁闷惨了。

毛相林看了看缩在一角的袁孝恩，直接点名让他发表意见。

袁孝恩是一条硬汉，当过计分员、出纳员、保管员，后来还当过 17 年的二社社长。想起过去种柑橘的经历，虽然没成功，但他一直不甘心，越想心越痛，越想心里越不服气，为什么别人种能成，自己种就不能成呢？那个柑橘梦一直在心头萦绕。但是，毕竟没有种成功，他说话没有底气。

毛相林点名后，袁孝思想了想，还是说出心里话：“我前头种失败了，你们都晓得。别个都种得出来，我也还想试试。”

听袁孝恩这样说，就有人问：“你不怕柑橘又种不成器哒。”

袁孝恩回答道：“怕，是最不能解决问题的，我记得老矮说过的，哪怕做错了也比不做强！这样也怕那样也怕，那就一直这样哒？我给你说嘛，我最怕的是啥，我最怕受穷，最怕受了穷还不去改变。修路，这么难的事情我们都不怕，还怕种点柑橘？以前我们修路的时候，别人都说我们修不成，我们坚持下去，结果修成哒。我觉得种柑橘总不会比修路更难吧。”

凿通天路，这是下庄人极为宝贵的精神财富。提起此事，没有能反对的。

种柑橘能不能成功，毛相林心里还是没有底，有些忐忑。但是，不试一试怎么能成功呢？他喜欢听袁孝恩说的那句话，“修路这么难的事情我们都不怕，还怕种点柑橘？”

在悬崖峭壁上修路这件事，已经成为下庄人的精神力量。凡是遇到难事，他们都会拿出来和修路进行比较。比较之后，便会产生信心和力量。

村民把目光投向毛相林，只要他说干，大家就愿意跟随他。过去他带领大家修路，成功了，成绩在那里摆起的，毛相林是做得成事的村干部。以前村里种漆树、养蚕都失败了，但是毛相林给大家说得很清楚，而且也在村民大会上诚恳地道了歉，天时地利都不占，那怪不得他。

村民说："你说怎么搞就怎么搞，我们相信你。"

也有人想到了种漆树和养蚕的教训，问："我们下庄的土壤到底适不适合种植柑橘？"

毛相林说这个问题问得好。开会之前他就已经带着村干部到巫山县曲尺乡去考察过了。曲尺乡的土壤、温度和雨水等自然环境都和下庄相差不远，当地柑橘长势喜人，果农一年收入好几万元。去考察的村干部们都动了心。

当大家都举手赞成时，毛相林反而自泼冷水，他说："今天我们讨论的是一个方向，我喜欢袁孝恩说的那句话，路都修通哒，发展个产业，难道比修路更困难？更危险？不比修路更困难，更危险，那还怕啥子？但是，我们要讲科学，不能蛮干，不然我们种漆树、种桑树交的那些'学费'就白交哒。"

毛相林说，大家意见统一了，他明天就去一趟县农委，请专家来看看这里的土质种柑橘得不得行，如果专家说得行，有搞头，那就搞，如果说不得行，那我们就再想办法，我们下庄人啥时候退缩过吗？

农委专家来看了之后给了一个不太理想的答案：“下庄土质种植柑橘并不是最理想的。”

毛相林犯了倔，我们修路的时候，那些专家也说难于上天，那我们还不是修出来了？现在这一批专家说的是“不是最理想”，他们并没有说不得行，这个答案对我们来说已经很好了。

干吧！毛相林没有让大家一起上马，而是拿自家的地来试种。

这种事他也不是第一次这样干。

养蚕失败之后，毛相林还动过一次心思，就是养羊，养蚕失败的教训给他心里蒙上了一层厚厚的阴影，他仍然想去尝试，但又害怕再次拖累大家，这一次他没有惊动村里的人，自己家养了 6 只。但是，由于下庄地势险峻，羊儿出去吃草，没到半年就摔死了 3 只。这次尝试又是失败的，可毛相林心里反而舒坦了，毕竟这一次没有拖累其他村民。

试种柑橘也是如此，如果失败了，就是我一家的损失，如果能成功，再让大家一起来种，这样，我们下庄就有希望了。

就在这种又喜又忧的心境下过了两年，2014 年，经过试种，柑橘成活率高，长势也好，毛相林再次找到农委，请求在下庄栽种柑橘。如果能得到农委同意，那么还能获得国家的资金扶持。

农委专家回答道：“我们踩过点，下庄土质不是最理想的。”

毛相林说："以前修路得到你们支持，我们下庄很感激你们，现在脱贫还要靠你们支持哒。再去看一次吧！"

"你们还是要认真考虑。"农委专家有些迟疑，认为种柑橘投入大，要是没收成，对于本就贫穷的下庄那就更是雪上加霜。

"就算是土质差一点，我们管理精细一点，多请你们专家来指导几次，科学种植，也能够弥补一些土地方面的缺陷吧？我们下庄人祖祖辈辈都不懒，对土地也熟悉，我家试种的柑橘长势不错。我就恳请你们专家再来看一次，多考察些地方，看一看是不是有更合适种的地方。"毛相林请求农委再来考察一次，脸上堆着笑，又散了一圈香烟，这是他走到农委大门外时刚刚买的，是最贵的牌子，他自己抽的烟拿不出手，"有你们专家支持，肯定得到功成。"

毛相林也不想专家太为难，继续说："如果真不行，我们也不得蛮干，我们会再想其他办法，反正我们不能让土地闲起，不能让人懒起。"

专家被毛相林的执着所感动，再次来到下庄，一来是看柑橘试种的情况，二来是重新踩点测试土壤。这一次，农委专家考察路径更宽、更远，最终发现在下庄的山谷里有大片适合种植柑橘的区域。得到这个信息，毛相林心里蛮高兴，比吃了橘子还甜，还兴奋。他如释重负。

2015年，农委给下庄批了500亩地，用来种植柑橘。毛相林拍着袁孝恩的肩膀，说："你终于又可以搞柑橘种植哒。"袁孝恩眼含热泪，会心一笑，心里的柑橘梦又一次被点燃：“我们下庄的人一起来搞，要富大家一起富。”

有了政府部门的支持，毛相林心里更踏实了。他想象着满山的树苗，碧绿清香。它们慢慢长大，开花结果。漫山果子，由绿变黄。一筐又一筐香甜的果子被装上车，沿着公路运出山去。

政府的支持力度远超毛相林的想象。农委专家和技术员又来了，他们先数窝子，挨着落实面积，然后让村民按要求挖深 1 米、宽 8.5 厘米的窝子，并对每个窝子进行质量检查。每挖一个，验收合格，政府就补助 20 元工钱。

第三次，农技站的黄站长带领农委专家再次走进下庄，他们检查了柑橘苗成活情况，每成活一棵树，政府又给予 5 元补助。

十分付出，就会收获十分惊喜。每亩地 40 根，500 亩地一共栽种了 2 万株苗子，成活率 100%。成片成行的柑橘苗站立田间，如山的精灵，唤醒了沉睡的荒山。黄站长比毛相林更激动，这哪是柑橘，这分明是下庄的希望。他拍拍毛相林的肩膀，感叹道：“老毛，你真行啊！”

当初要不是老毛多次到农委汇报，坚持要农委专家再来实地考察，哪有今天下庄成片的柑橘林呢。柑橘成活率这么高，毛相林和下庄的村民真的给他长了脸，争了气。

毛相林嘿嘿地笑，说道：“要种就要种成功，这样才对得起大家的

▶ 2021 年 1 月 7 日，毛相林背着刚采摘的柑橘　　（资料图片）

辛苦，对得起政府的扶持哒。”

种柑橘，是毛相林带领村民们的一次成功突破，也给下庄带来了一些意外的惊喜：这些年政府对下庄公路持续投入进行升级和扩建，2015 年，竹贤乡的公路硬化到了天坑顶端的鱼儿溪，毛相林多次去乡里、县城申请把这条路硬化到下庄。在公路没有硬化之前，他又带领曾经参与过修路的 24 位村民，对绝壁天路的 80 多处堡坎和路基进行翻新加固，同时沿路掏水沟、撒碎石，将 2 米来宽的机耕道变成了 3 米多宽的碎石路。毛相林带领村民们一直奋战在工地上，得到了劳务收入，现在又有了农业发展的扶持，又是一笔收入，下庄村在全县率先实现整村脱贫。

曾经戴着贫困村的帽子，让身为党员干部的毛相林难受又自责：

“有条件要干，没有条件创造条件也要干，必须想办法摘帽，跟上脱贫步伐，才不辜负党和政府的关心，不辜负老支书的嘱托！”

现在摘帽了，应该高兴了吧？不，毛相林心里更烦躁了，因为各种麻烦也如影而至。

在下庄，毛相林的亲戚不少。妹夫杨亨星来找毛相林，遭到了毛相林的一顿臭骂。

杨亨星曾是村里的危房户、贫困户，老两口是老病号，长期吃药，有一个女儿也嫁到了外地。夫妻俩居住在一栋土墙房里，房屋因为年久失修，墙面已出现裂痕，屋顶开了好几处“天窗”。毛相林叫杨亨星重新整修房子，他不修，说没钱；叫他种柑橘，他不种，说不懂技术；叫配合搞好房前屋后的环境卫生，也不配合；搞得毛相林发了火：“不要倚老卖老，倚穷卖穷！”毛相林知道，杨亨星是在等、靠、要。

毛相林的妻子王祥英性格内向，不喜与人交往，结婚之后非常支持丈夫的工作，从不拖他的后腿。毛相林在崖上修路时，一上山就是十天半月，她从无怨言，默默地把家里的农田种好，把老人、孩子照顾好，还喂养了六七头毛猪。毛相林经常在外人面前夸耀，说自己娶了王祥英，是人生中一件极为幸运的事情。两个人风风雨雨几十年，相濡以沫到现在，都将对方当作身边最了解、最信任的人，也是最支持自己的人。但是，王祥英为她的三姐开口求情了。张泽芝是王祥英同母异父的姐姐，患有心脏病，做了手术，欠了10多万元的债，平常王祥英和三姐关系好，看见三姐家庭困难，就叫毛相林想办法，给帮扶一下。毛相林当时就火了，脸一垮，责怪王祥英不懂事，来凑热闹！在记忆里，毛相林还从未对妻子发过这样大的火。

毛相林说：“我当村干部，别的本事没有，有的就是一碗水端平的技术，真有困难，该照顾的我们会照顾，自己有能力，还想等、靠、要的，就莫来我面前说这些话，开这个口，敢开口我就敢骂人！”

话虽说得硬，但毛相林也并没有真正做到“一视同仁”，还是有一些特殊照顾的。

对于黄会元，毛相林一直觉得是自己喊他回下庄来修路，黄会元是因为修路而牺牲的，所以毛相林心里一直有个坎迈不过去，一直觉得对他们一家有所亏欠，所以，他想方设法对黄会元的妻子和3个孩子给予照顾。

修路的事迹被报道后，毛相林成了“名人”，于是他也就利用“名人效应”所给的社会资源来帮助杨自慧一家，3个孩子都被接出了大山，到城里去读书，读完了书又帮忙安排工作，黄会元的遗孀杨自慧也走出了下庄，到了骡坪工作。

依据贫困户识别“四进七不进”的原则，有房子（购商品房）、有车子（享受型轿车）、无影子（外出一年以上不在本村居住）的是不能参与贫困户评定的，但是对于杨自慧和她的3个孩子享受贫困户补助，村里所有人也都是默认的，这也是下庄人心里的善意和对牺牲者的敬意。

脱贫摘帽了，上级所给予下庄村的贫困户补贴就没有了，毛相林也就将杨自慧一家四口的贫困补助取消了。

黄会元的大女儿产生了误会，跑回来找毛相林。

毛相林看到黄会元家的大女娃子回来，心里挺高兴的，结果高兴的话还没说出口，就被这女娃子噼里啪啦一顿数说，话说得还有些难听，毛相林心里是既委屈又难过，心里的火一下就上来了，于是也把小女娃子狠狠地批了一顿。

女娃娃也委屈，转身就出了毛相林家的正门，绕到了他家门后，她父亲的坟就在那里。娃娃跑到父亲的坟上哇哇痛哭一顿。

哭坟，这件事动静搞得太大了，消息很快就传到了方四财的耳朵里。

方四财虽然已调离了下庄的工作，但他一直关注着下庄，和杨自慧一家保持着密切的联系，因为他的性格温和，不像毛相林那样暴躁脾气，杨自慧一家有什么困难都是给方四财说，方四财再告知毛相林。

方四财匆匆赶回下庄，拉下脸来对着毛相林就是一顿批：“你既然知道她还是一个娃娃，那还和娃娃置什么气呢？是有政策摆在那里，作为基层干部，的的确确，我们经常都处在制度和人情的两难之中。这件事你做得是对的，但方法有问题，他们一家的情况和其他人家不一样。你呀，悄悄帮了他们很多，你认识外面的那些企业、那些老板，自己家的事情你不开口，为杨自慧一家读书的事工作的事你是求了这家求那家，这么多年了，你也做得够多了，但你又没有说，他们不知道，其他村里人也都不知道，娃娃有了委屈回来找你说一说，又有什么不对？你就给她来个'猫儿洗脸'，娃娃很小就没有爸爸了，他们对你的感情也就是一种依赖和依靠，你这一凶，她不哭才怪！"

▶ 黄会元的妻子杨自慧（左）和他们的女儿黄玉秀　　刘嵩　摄（2017年9月）

方四财见毛相林耷拉着脸，也不回嘴，知道他心里也难受着，也不好再多说了。“算了，这个沟通工作我去帮你做，他们一家也是通情达理的，也是感恩着村里的，把话说清楚误会就没有了。”话一说完，他就风风火火地转身往外走，临跨门槛时，方四财又转过身，“老矮呀，你怎么就不能改一下急脾气呢？”

毛相林心里怎么能不急呢！

是的，下庄村脱贫摘帽，但这个脱贫并不是村民从地里刨出来的，而是公路局给的修路的劳务项目，农委给的柑橘种植生产补贴……换句话说，是吃的政策饭，和贫困户得到补贴没有什么本质的差别，一旦没有了这些来自上级部门的项目，岂不是又要返贫？

毛相林陷入沉思，脱贫，摘帽，我们要的不是脱贫这个标签，柑橘还没挂果，村民们的腰包还没有装进几张钞票，我们下庄村没有真的富裕起来，我们很多下庄人心里没有脱贫，还在等着项目，靠着项目，这还是我们的下庄人吗？眼前的这条路，如果靠等，等得出来吗？

要想富，看来还得继续保持我们下庄人不等不靠的心劲，想透了这一点，毛相林心里顿时就又亮堂起来，致富这条路，也和我们修的这条下庄天路一样，山凿一尺宽一尺，路修一丈长一丈，我们要不等不靠，再奋斗。

修路的人从古至今有千千万万，在愚公眼里，太行、王屋二山虽高万仞，但出入尚可“迂也”，而在下庄“毛相林”眼里，没有可“迂”的选择，他们也拒绝“迂”的选择，而且他们更担忧子孙后代能不能跟上这个时代。他们不只是开山，当代愚公们是紧跟时代跳动的脉搏，扶贫、脱贫、致富，道路建设、产业发展、开拓扶志，他们一步一个脚印地向前迈进。下庄人能在绝壁上凿出天路，能在全县率先脱贫，就一定能在乡村振兴的道路上干出名堂来！

金色之舞

毛相林坚信，世上本来没有路，因为有了筑路人，才有了路。下庄人能在绝壁上凿出天路，能在全县率先脱贫，就一定能在乡村振兴的道路上干出名堂来！

他紧跟时代跳动的脉搏，扶贫、脱贫、致富，道路建设、产业发展、开拓扶志，让下庄人一个脚步踩出一个脚印地向前迈进。

下庄的振兴之路被人总结为“三色经济”，即蓝色（劳务输出）、绿色（西瓜）和橙色（纽荷尔脐橙）。

我们再从下庄天路修通的那一刻说起吧。

路是2004年修通的，2004年12月，毛相林被村民们选举为下庄村村主任。这一次，村民们把一副带领大家走脱贫致富新路的担子压在了他的肩上。

2005年，中央农村扶贫规划围绕整村推进、劳动力转移和产业扶贫三大重点，扶贫开发全面启动。但被深山包围的下庄，此时还没纳入此次扶贫计划。作为党员与下庄村村委会主任，他必须跟随党的规划节奏，自我先行行动起来。这是他的义务和责任，况且，“不等不靠”不就是下庄人的秉性吗？

劳动力转移，这是先行要做的事，也是一个能立竿见影的事。毛相林又挨家挨户去作调查，曾经是把外出的村民喊回来修路，现在则是积极动员有富余劳动力的家庭外出打工。由于他们或在工地，或在车间，大多数工装是蓝色的，劳务输出也就成了下庄村“蓝色经济”名称的由来。毛相林不失时机地向县内外推介下庄农民工，为打响“下庄劳务”这个“蓝色经济”品牌，毛相林多次跑乡里和县级有关部门去争取支持，让下庄的村民们能多参加一些技能培训。村民要外出打工，出发前毛相林又组织他们座谈，叮嘱他们要遵纪守法、吃苦耐劳：“你们出外也是代表着下庄，千万别砸了下庄这块招牌，‘下庄劳务’不是你们一个人或几个人的，是我们下庄所有人的饭碗和脸面！”

这些年来，下庄村先后有百余名村民外出打工，全村每年劳务收入达 200 余万元。

但让毛相林想不到的是，劳务输出给下庄贫穷的困境带来了质的改变，也给下庄带来了另一种危机。下庄外出务工的青年男女们，见惯了灯红酒绿，走惯了宽大的柏油马路，不满足的心也就油然而生。去年张家的后生在外安家了，今年杨家的姑娘远嫁了……下庄的人口在逐年减少。

毛相林越看越着急，像这样下去，下庄早晚会成为空心村。那当初不畏生死修出下庄天路又还有什么用呢？可是，年轻后生们不满足现在能吃饱能穿好的生活，他们也没有错啊！不中意下庄这种单调枯燥的日子，他们的选择也是对的啊！

光急也没有用，毛相林沉静下来，细细地思考，是我们修路出了错？还是当初劝那些剩余劳动力外出打工出了错？

毛相林学历不高，但一颗脱困致富、向往美好的初心让他清楚，要想让下庄脱离这个困境，除了修下庄天路，还得继续修产业之路，这才是下庄真正的脱困之策。为此，毛相林和下庄人做了很多尝试，栽漆树、栽桑树、养蚕、养山羊，都以失败而告终。是啊，本就贫穷，这一折腾，很多人家就更显贫穷了。

毛相林无时无刻不在寻找病因。在一次县里学习脱贫致富相关政策时，县里请了农技专家来讲课，毛相林第一次知道了地理因素这个词，知道了海拔高低、土质都会直接影响到种植和养殖的成效。这时他才明白，不是有了土地就什么都能种，什么都能养。

毛相林心中分量最重的永远都是下庄的发展。外出之时，他时刻寻找着适合下庄的产业。

2008 年夏天，他到妹妹家玩，妹妹在镇上买回西瓜请他吃。

毛相林接过西瓜，咬了一口，吃在嘴里又甜又清凉。一边吃着西瓜，他脑子里也转开了，毛相林想，我们下庄能不能也种点西瓜呢？

回下庄时路过竹贤乡，在场镇上竟然又看到了一辆卖西瓜的三轮板车。板车上堆满了西瓜，毛相林的视线在那些竖条纹、身体圆滚滚的翠绿色西瓜上移动。小贩在吆喝着：“卖西瓜，又甜又脆的大西瓜，不甜不脆不要钱。”

毛相林在板车前停下，拍拍西瓜，问：“西瓜是你自己种的还是去城里市场批发过来的哟？”

“自己种的嘛。”小贩说，“尝尝嘛，你莫瞧不起我们自己种的瓜，我们这个地方种的瓜比外面运进来的一些瓜还要好，甜得很。”

听说是农户自己种的，毛相林眼睛都睁大了一圈，他伸手接过小贩削下来的一小块瓜瓤，放进嘴里，又问："产量怎么样呢？种这个麻不麻烦？"

"嗯，产量蛮高的，也不麻烦。"瓜农回答。

毛相林竖起大拇指说："安逸安逸。"然后买了好几个大西瓜抱回家里。

2009 年春天，他悄悄买了两包西瓜种子在自家田里种下。看着西瓜苗长大，看着藤蔓上结了小瓜，他心里暗自欢喜，但更多的是忐忑。

从播种到结果、成熟，只用了几个月的时间，这两包种子就变成了 1500 多斤西瓜。西瓜很甜，家里人吃了都在夸，他又叫女婿拉了一车出去卖，皮薄瓤沙，水分足甜度高，很是抢手，轻轻松松就赚了 500 多元钱。

毛相林心里有了底，又说要开会，把村民们请到自家院坝里。

桌上摆放着十几个大西瓜，村民们纷纷问："哟，老矮，今儿个遇到啥好事哒？要请我们吃西瓜，又要你破费了哟。"

"是呀，就是请你们吃西瓜哒。"毛相林笑着说道。随着划切西瓜那炸裂的脆响，一股清香从破开的瓜里飘出来。

"咦，老矮，这些瓜莫非就是你今年地里种的那些？"

"好吃！好吃！"

“这西瓜真甜，味道真不错，比外面买的还要好吃。”

等大家吃过西瓜过够了瘾，毛相林说：“各位乡亲，今天把大家召集拢来，是想再次就下庄的产业发展听听大家的意见。”

听到毛主任说产业发展，场子里安静下来。

袁孝恩率先发言，当年修路的时候他是二社社长，出的力不少，但路修好了自家的日子并没好过，他自己也反复折腾，渴望着脱贫致富，结果都没整成事，反而背了很多债。袁孝恩说话有些愤懑，声音也有些悲凉：“下庄天路修通已经 6 年了，我们下庄出去方便哒，结果我们出去看到了啥？看到外面发展很快，看到我们跟外面的世界比较差距太大了。”

“是呀，我们下庄土地肥沃，都说是个落地成粮的好地方。可是现在我们还是只能守着红苕、洋芋、苞谷‘三大坨’过日子。没有经济来源，要做点其他啥子事情，真是没有一点办法，拿不出钱来。”坐在他旁边的彭仁松也感慨地说。

两人的话，如石头投进寂静的水面，荡起涟漪。

这个现状，大家都知道。村民的话，让毛相林心里不太好受。他站起来道：“这些年大家看到的，我也是想为大家找到一条致富门路，可是结果却不尽如人意。我也想把事情搞好，不想把事情搞砸。话又说回来，大家跟着我吃了不少苦头，这让我心里很难过，我对不起大家。”

毛相林脸色凝重，声音低沉。

“怎么能怪你一个人嘛。”袁孝恩说。

毛相林挥挥手，说：“今天请大家来，主要是说说种西瓜的事情。”

“哦！”大家望着毛相林，眼里充满期待。

“过去有过失败的教训，我怕又失败了，大家跟着我受累，就先偷偷试种这些西瓜，出人意料，种西瓜收成好呀。”毛相林抬高音调，充满自信地说。

“老矮，你种西瓜收成好，可不晓得我们得行不？”有人担心地问。

“就算是我们种西瓜得行，可全村人都种西瓜，到时候卖不脱烂了，啷个办？”袁孝恩接过话头。

毛相林不语，他的眉头一会儿紧锁，一会儿舒展，他听着大家你一句我一句地讨论。

这时，彭仁松站了起来，他说：“老矮，我相信你，你说种西瓜能赚钱，我也觉得能赚钱。”

“你啷个想的嘛？”毛相林问。

“我想明年跟着你种西瓜。”彭仁松回答。

“要得嘛。”毛相林说。

“那，你能不能教我种西瓜的技术呢？”彭仁松问。

“这些还用说吗？我搞了这一年，多多少少摸到了一点门路，打药施肥你跟着我做就是，我们也可以‘搭伙’一起来弄。你先不忙种多哒，先试着种一点，种上一两亩，看看情况再说。”

有毛相林带领，彭仁松信心满满。

“大家有想种的也可以，先不忙种太多，试着来，销路我们一起想办法，慢慢去打开，我就不信了，路都修得通，销路还打不通？”毛相林说。

只有袁孝恩轻轻地摇了摇头，他决定了，还是出去打工挣点钱。

彭仁松致富心切。过去，他母亲生病，儿子读大学，家里负担重，是村里的贫困户。儿子去读书的时候，差路费，他找毛相林借了1000元钱救急。

在院坝会上，彭仁松夸口要跟着毛主任学种西瓜。他也成为村里第一批投身绿色经济的人。西瓜是绿色的嘛，下庄人把种西瓜发财致富就称作搞绿色经济。

第一年，他跟着毛相林学习试种，买了10元的种子苗，只想着能结几个可以给家里人尝尝就行，没料到那年收了几百斤西瓜，家里哪能吃得完。卖了一些，小赚一笔。钱攥在手里，彭仁松就有了信心，他到书店买了几本西瓜种植技术的书来学习，准备扩大西瓜种植规模。

开春的日子，彭仁松买来300元的西瓜种子，一粒一粒种到打好的土窝里。4月开花，6月初结果，7月卖完西瓜，卖西瓜得了8000元。

彭仁松笑了，离家在外打了20年工的媳妇也回来了，回来帮他卖西瓜。家里有钱了，家庭也完整了。

在瓜田里，彭仁松又遇到了来田里转悠的毛相林，毛相林甩给他一支香烟："现在日子过得安逸哒？"

"安逸，安逸，感谢矮哥帮我们哟！"

"莫说这些……小彭，村里都说你种的西瓜长得好，你要好生管，要以西瓜为主，做成产业，不要光想到挣小钱。我在想，如果我们在西瓜地里再套种点东西，再多挣点钱……"

没等毛相林把话说完，彭仁松就吼了起来："要得，要得，那就更安逸了！"

很快，毛相林的设想就开始实施了。家家户户都开始种柑橘，每家每户到了收获的季节，都能卖出好价钱。村民手头有票子了，荷包鼓起来了。

当然，种柑橘也并非一帆风顺，毛相林和村民们也还是经受了一些磨难，但终于硕果累累，黄澄澄的纽荷尔挂在枝头，这就是下庄村的橙色经济。

历经艰辛，下庄村橘黄瓜绿，瓜果满地，下庄村的"三色经济"协调发展，让下庄整村脱贫。"三色经济"的探索，再加上在政府的引导下，下庄村尝试着发展乡村旅游，希望能将眼里的绿水青山变成兜里的金山银山，探索出又一条致富路。

村民的生活富起来，文化生活也丰富起来，整个下庄村面貌焕然一新。

2017 年 10 月，中央文明办授予毛相林同志“中国好人”荣誉称号，重庆市人力资源和社会保障局、重庆市扶贫开发办公室授予毛相林同志“2017 年度重庆市扶贫开发工作先进个人”荣誉称号。

毛相林走出家门，从村里又转悠到了村口，他抬头看到眼前的公路，笑了。2016 年，在政府相关部门的支持下，硬化路延伸到了每家每户。今年，这条公路在各级政府的扶持下，硬化升级改造已经全部完成，并加装了防护栏，达到了农村“四好公路”标准。这离第一声开山炮响不过 20 年时间，大山还是那座大山，可下庄已似换了人间。

毛相林沿着公路往上走，一寸一寸地看，每一寸都有故事。就这样，他默默地走了两个小时，走到了岩子口，他坐了下来，从兜里摸出烟，点燃，咂吧两口。他俯瞰着脚下这片熟悉的热土。

烟雾弥漫，升腾，他透过烟雾，仿佛看到了 20 年前的自己，那时自己 38 岁，年富力强，敢打敢冲，现在自己已经 58 岁了，这个世界终究是年轻人的，该交棒了。

此时交棒，也算是完成了对村民们的承诺，我带领他们走出了一条脱贫之路。这些荣誉是对我毛相林的肯定，更是对我们整个下庄人的肯定。

可是，“乡村振兴”这4个字，让毛相林又萌发了激情：我还想再和大家一起冲一冲，就像我们修路，以前只想到能把路修通，能走农用车，可现在这条路是如此的漂亮，一辆辆轿车在上面疾驰。

这一年，党的十九大在北京召开，提出实施乡村振兴战略，并将其写入党章。这是以习近平同志为核心的党中央着眼党和国家事业全局、顺应亿万农民对美好生活的向往，对“三农”工作作出的重大决策部署，是决胜全面建成小康社会、全面建设社会主义现代化国家的重大历史任务。

这一年，58岁的毛相林又盘算着如何带领下庄人走好乡村振兴的小康幸福路。

下庄坐落于巨大天坑底部，如世外桃源。鱼儿溪从天坑顶端沿着绝壁倾泻而下，在天坑底部与庙堂河汇合，形成后溪河，再沿着绝壁间的一线天山谷奔流而去。其独特的地势造就了独特的自然景观，绝壁环绕，山势险峻，峡谷清幽。附近还有大宁河、小三峡、当阳大峡谷等。能不能将下庄“远处有山，山下有水”的地势变为可持续发展的优势，发展乡村旅游？盘活山里的“不动产”，发展乡村生态旅游呢？这成了毛相林的新梦想。

其实早在脱贫攻坚战打响之初，毛相林就产生了在下庄发展乡村旅游的想法。在发展脱贫产业时，他也有意选择了与旅游相关的产业。比如柑橘、脆桃等水果，既可观花又可采摘。2015 年新一轮脱贫攻坚战打响，下庄基础设施慢慢改善，发展旅游的条件已经具备，东风已起，万事待启。

下庄的第一个农家乐是由毛相林一手策划和推动的。修建农家乐始于国家对农村危房改造的扶贫政策，毛相林认为把危房改造与发展旅游结合起来，不仅住得安全，还能致富。杨亨双、杨元鼎、袁堂清 3 个修路汉子在毛相林的鼓励和帮助下，齐心发展，建起村里第一家农家乐，成为第一个吃螃蟹的群体。

农家乐建成之前，这里是一片耕地，是老下庄这个天井村庄的中心部位，在这里可以一观四周绝壁山势的雄姿和峭态。以前让人望而生畏的喀斯特地貌，如今成为老下庄人特有的吸引游客的资本。

农家乐取名为“三合大院”，顾名思义——三家人联合修在一起的一幢房子、一个院子、一条共同进退的路。

下庄人总体不富裕，由一家人投资建农家乐不太现实。将杨亨双、杨元鼎、袁堂清三家撮合在一起搞农家乐，毛相林也是反复考虑后才作出的方案。这三家人是亲戚，聚在一起搞农家乐更有优势。

毛相林把他们约来坐到一起，仔细给他们讲下庄发展前景，分析建三合院发展农家乐的好处。

▶ 三合院风光　　　（资料图片）

杨元鼎、杨亨双和袁堂清都是修路中坚力量，修路时流过汗，流过血，立过功，奈何致富无门，路修好后，还是贫困户，三家人祖传老屋都成了危房，虽经过改造，但改造过的住房也只是能满足于家用，不能满足于旅游，更不能带来经济效益。

毛相林说："为啥子要你们合起来搞嘛，主要考虑的是资金问题，一家人哪里拿得出百多万来投资嘛，另一个原因是大家合在一起，抱团发展，人多力量大嘛。就像我们当年修路，如果人心不齐，哪个可能修得成嘛。"

三家达成一致意见以后，毛相林帮忙联系设计施工，帮他们想办法搞建设。

2017 年破土动工，当年一座建筑面积 300 多平方米，具有古典风格的建筑落成。三家请毛相林为农家乐取名，毛相林就给新房子取了“三合院”这个名字。

2018 年 9 月三合院开门迎客，但经过一段时间的经营，生意马马虎虎，三家人心里都慌了。毛相林也一直默默关注着三合院的发展，把他们的困难看在眼里，心里比他们还着急。

毛相林说：“我经常和游客聊天，有些客人说他们觉得下庄这个地方风景好，空气好，没有玩够，想住几天，却没有提供住宿的地方，只好遗憾离开。你们看嘛，人家送钱送上门来了，你们都留不住，其实这也是我们目光短浅了一点，修三合院主要考虑的是提供吃饭的地方……你们还可以加盖一层楼嘛。加盖一层，用来搞住宿，留住客人。”

三家人同时瞪圆了双眼。

“有客人反映下庄的菜好，手艺一般。你们还要出去学习做菜，提升厨艺水平，不要做起菜客人说不好吃，留不住客人。”

“另外，我搞了一个服务、卫生规范经营标准，你们要按照规矩来。”毛相林继续说道。

带住宿的三合院升级完成，有了住宿，加上农家乐在菜品上也下了功夫，三合院从“杂牌军”变成“正规军”。以前的“三大坨”洋芋、红苕、苞谷，如今上了民宿的桌，成了来这里旅游的人口里的美味。柴火铁锅里烤成的洋芋，两面金黄，香味扑鼻；红苕粉煎成块，或

▶ 三合院农家乐是下庄村的第一家农家乐，它的建立打破了传统、树立了典型

巫山县委宣传部供图（2023 年）

炒老腊肉，或单炒，入口味蕾大开；地道的无公害绿色蔬菜，让你吃了还想吃。如遇时令得当，还可吃上一碗嫩玉米粥，满口的玉米清香味；要不，再来一碗下庄挂面？一根根全都是下庄人的热情与纯朴；土豆炖腊猪蹄、农家土鸡汤、凉拌蕨根粉等都是深受游客喜爱的下庄美食。

三合院的口碑传出去了，生意明显好转。除去本钱，在 2019 年底每家分得两万多元。

春节的时候，三家人在一起过年。堂屋摆上了热腾腾香喷喷的农家饭，自家熏的腊猪蹄又软又粑，自家种的红苕又甜又糯，自家炒的洋芋粑粑又香又脆。“老矮，来团年哟！”吃团年饭的时候，他们特意把毛相林请了过来，也不讲究辈分，非要让毛相林坐上席位置。

三合院的建立打破了传统、树立了典型，这正是毛相林想要的效果。在建三合院之初，毛相林已经有了一个大的规划，他要建成一个院子，成为老下庄的民俗样板，说是样板，也可以说是一块试验田。他想借这个试验田，打造老下庄的乡村旅游示范村，让老下庄人坐在家里也可吃上旅游饭、走上致富路、奔向小康景。

看到三合院给三家人带来的变化，更多的村民也跃跃欲试，重新修整自家的现有房子，把房间进行改造，楼上用来做客房，外面搭个厨房，也搞农家乐。

下庄的农家乐能搞起来，除了村民们不等不靠、自己努力以外，政府的帮扶也起了很大作用。下庄人想发展乡村旅游业的想法得到了县、乡两级支持。2018 年，巫山县将下庄列入乡村旅游示范村，启动建设具有三峡山村特色的休闲度假胜地。建三合院农家乐，政府给每户补助 2.5 万元。2019 年，当地政府投入 120 万元，建立老下庄贫困户安置点，帮助下庄村实施民宿改造计划，将 91 栋 122 户村民的老土房改造成民俗院落，风貌统一，更具乡村风味。村民致富振兴的强烈意愿加上政府的支持，村民们逐渐尝到了旅游业带来的甜头，发展乡村旅游业的热情空前高涨。

方四财也经常回下庄来看望老矮和其他村民朋友，他说，公路修通了，老矮也变得越来越“聪明”，除了自己埋头干，也学会了和上级沟通，他会去寻求一切可能的资源，努力争取政府对于脱贫攻坚的政策

下庄村乡村旅游先行者——三合院　　（资料图片）

下庄农家乐　　（资料图片）

扶持：“他现在是有了想法就晓得打电话给领导，电话里说不清楚他就直接闯上门去给领导汇报，你看嘛，他晓得当阳大峡谷连接沪渝高速的旅游环线将开工建设，并且在下庄峡谷规划了下道口。老矮就向县、乡两级争取到了下庄的乡村振兴开发项目，要依托下庄人的精神和下庄独特地理、气候条件，打造乡村旅游，建设集生态田园观光、民俗节庆活动、乡村文创、户外运动拓展、乡村康养旅居功能于一体的具有三峡山村特色的休闲度假胜地。他呀，现在进步大哟，不只是说想法，还会给领导看他列出的详细计划。”

第一步，把村容村貌做靓，建民宿、培育星级农家乐；

第二步，借助下庄人事迹陈列馆，传承好下庄精神，把下庄打造成弘扬自力更生、自强不息精神的培训基地；

第三步，对接旅游环线，巩固现有产业，发展乡村生态旅游。

毛相林也开玩笑回怼他：“方大学，你站在旁

下庄村对接旅游环线的第二条出山公路已经通车　　周瑄　摄（2023年）

边说我的风凉话嘛，还不是因为你走了，这些事情就只有我一个人来做了噻。要不你还是回我们下庄来嘛，我家还有房间给你空起的。”

“啷个可能只有你一个人？你以为我不晓得？你把眼睛都盯在那些年轻人身上的，一个电话接一个地喊他们回来。”

见方四财揭了自己的老底，毛相林也只有嘿嘿嘿地笑，一边笑一边从兜里摸出烟盒，给方四财递出一支香烟，方四财接过来：“哟，升级哒？你毛矮子这几年的日子也越过越安逸了哒！我问问你，你打电话喊年轻人回来，用什么理由？他们不至于就为了抽你的这一支烟而回来吧？”

下庄美好的明天被勾勒了出来，毛相林非常明白，下庄的振兴，绝不是仅凭他或者几个村干部的一腔热情就能实现的。下庄的振兴，需要人才，特别是需要有知识、有见地、有干劲儿的年轻人。每年过年外出务工的村民回家，毛相林都要挨家挨户上门向他们讲述这些年来下庄村的变化、描绘下庄村美好的未来，请他们回来为下庄村的乡村振兴事业尽心出力。没回来的，他就一个一个地打电话争取。他在电话中说：“过去，我们下庄需要的是一条走出去的路，但现在时代不一样了，下庄的发展需要知识和文化。”在他的努力下，29 岁的袁孝鑫回到下庄做了一家扎染工坊，27 岁的彭淦是村里走出去的第一批大学生，回到下庄成为一名小学教师……

“下庄的振兴需要你们，下庄人的精神需要传承。”在毛相林的努力下，下庄的返乡村民越来越多，有100多名外出务工的村民选择了留下。

2020年，下庄村居民人均可支配收入为13785元，是修路前的40多倍。

为激励年轻一代继续奋斗在巩固脱贫攻坚成果、接续乡村振兴的道路上，让下庄村老一辈不甘落后、不等不靠、不畏艰险、不怕牺牲的精神一代一代传承下去，下庄人事迹陈列室在村文化广场边建成，广场上还屹立了一座“下庄筑路英雄谱”，上面刻着108位当年不惧艰险凿出下庄天路的村民姓名，室内展示了下庄人用生命和汗水铸就的不甘落后、不等不靠、不畏艰险、不怕牺牲的“下庄精神”。从开凿绝壁天路到打赢脱贫攻坚战，从远近闻名的贫困村到走上乡村振兴的致富路，靠的正是这样的精神。每次经过这里，毛相林都要驻足许久，在脑海里一遍遍回放修路的情景，在心里一遍遍缅怀逝去的兄弟。

2020年8月，下庄村村“两委”选举，毛相林再一次当选下庄村村支书，同时兼任村委会主任，担子一下就更重了。

2020年11月，中共中央宣传部授予毛相林同志“时代楷模”荣誉称号；

2021年2月，中央广播电视总台授予毛相林同志“感动中国2020

年度人物”荣誉称号；

2021年2月，中共中央、国务院授予毛相林同志“全国脱贫攻坚楷模”荣誉称号；

2021年6月，中共中央授予毛相林同志“全国优秀共产党员”荣誉称号

……

“毛相林”这3个字已经不再只是一个人的名字了，他成了下庄人的代名词，正如毛相林自己所说，所有的这些荣誉，都是奖励给全体下庄人的，也是奖励给所有不甘于命运、奋勇拼搏的人。

修路的人从古至今有千千万万，在愚公眼里，太行、王屋二山虽高万仞，但出入尚可“迁也”，而在下庄“毛相林”眼里，没有可“迁”的选择，他们也拒绝“迁”的选择，而且他们更担忧子孙后代能不能跟上这个时代，唯有“放炮”的怒吼才能浓缩和表达他们这一群当代愚公的不同，他们不只是开山，当代愚公们是紧跟时代跳动的脉搏，扶贫、脱贫、致富，道路建设、产业发展、开拓扶志，他们一步一个脚印地向前迈进。

毛相林他们坚信，世上本来没有路，因为有了筑路人，才有了路。下庄人能在绝壁上凿出天路，能在全县率先脱贫，就一定能在乡村振兴的道路上干出名堂来！

毛相林他们笃定，他们愿当一辈子的筑路人，将下庄的绿水青山，变成实实在在的金山银山。用实际行动把走出去的下庄年轻人全部召回来。他相信下庄人都有一种家国至上、故土难离的情怀。

他们坚信，幸福之路是拼搏出来的。

毛相林只是其中的一个“他”，毛相林是这一群“当代愚公”的代表。

在下庄发展的年谱上也是这样写着的：

这些事实证明下庄人“自强不息、艰苦奋斗、不怕困难、百折不挠”的品质，不但在三峡移民时期是一笔难能可贵的精神财富，在脱贫攻坚以来也时刻传递着时代的声音，是千千万万努力拼搏以改变命运的中国人的精神写照。

对于下庄未来的规划，是毛相林心中的愿景，也是下庄人一如既往的梦想。打通村民的致富路，幸福写在村民脸上，喜悦甜在村民心里，温暖映照着毛相林花白的头发，激发着他更深的思考。

毛相林坚信：“修路会让我们脱贫，发展旅游会让我们奔向小康。”

发展旅游，也不只是一个经济命题，巫山县政府、竹贤乡政府、下庄村委都是希望能借助下庄初步形成的乡村旅游规划，进一步挖掘下庄的潜力，力求将“下庄精神”传得更远，挖掘得更深。

毛相林和村干部们时常聚在一起，抽着烟，看着险峻的四面群山，

下庄民宿　　巫山县委宣传部供图（2023 年）

看着绝壁上那条蜿蜒盘旋的天路，看着村里挂满果子的柑橘树和桃树，看着下庄的旅游产业规划图，他们在心里勾勒着下庄更美好的明天。

毛相林更清楚的是，下庄的振兴，绝不是仅凭自己和几个村干部的一腔热情就能够实现的，就像当年修路一样，需要大家一起参与。下庄的振兴，需要人才，特别是需要有知识、有见地、有干劲的下庄年轻人。

毛相林经常对村民们说："虽然现在条件好了，但'下庄精神'丢不得，还要一代一代传下去。下庄人的步伐不会止于打通绝壁上的天路，不会止步于脱贫路，而是要实现乡村振兴，走在小康的路上！"

乡村振兴，天路变成了黄金路　　周瑄　摄（2023 年）

“下庄精神”是下庄的魂。

“我和您一起闯！因为我也是下庄的‘修路人’！”每当听到年轻后生说这样的话，毛相林就会咧开嘴笑。他那花白的头发在阳光照射下，熠熠生辉。

2023 年 10 月，经过毛相林的推荐，村民们选举袁孝鑫为新一任下庄村村委会主任。

村支书毛相林又踱步来到岩子口，这一次，新当选的村主任袁孝鑫也站在他的身旁，和他并肩而立。

毛相林指着大山和大山下面的下庄村，将心中的蓝图讲述给这位

90后：

“巫山县委党校已经在下庄设了下庄校区，这是重庆首个在村里设立的区县级党校分校区，巫山县有不少单位的干部职工培训都会在这里举办。我们还要进一步扩大这个培训基地的影响力，提高服务质量，吸引研学活动的开展，这可以更有效地传播‘下庄精神’，让下庄的愚公精神为更多的人所认识，我们要让更多的人走进来，将下庄带出去。”

“我们要修复已被废弃的下庄古道，让走进来的人回顾一段历史、体验一天生活、再上一堂党课。重走一次那条挂壁羊肠道，真实体验和感受108道‘之’字拐的味道，感受经年来下庄人曾经生活的辛酸和苦涩。从中去慢慢咀嚼‘下庄像口井，井有万丈深；来回走一趟，眼花头又昏’的沧桑与悲凉。”

“我们要借助下庄人事迹陈列室，讲好老下庄修路的故事、传承‘下庄精神’。利用修筑下庄天路时的原始工具、生活工具、生活现场、吃穿住的物品、工分记账单等情景图片的再现，利用修路时的视频资料，来再现当时的恶劣环境，再现下庄修路人不怕苦、不怕难、不怕牺牲的大无畏精神，把下庄打造成弘扬自力更生、自强不息精神的培训基地。”

“我们要修缮下庄那座有两三百年历史的老建筑，让外面来的人知道下庄的先人们曾在这天井里‘富裕’过也风光过。让他们了解下庄人古时的文化生活和当代下庄人战天斗地的精神，了解我们敢于在最原始最艰苦的地方追求文明与进步。”

“我们要打造私钱洞和鸡冠石观景平台，让来旅游的人能感受下庄天路的艰险，能观看下庄全貌，感受老下庄生活的不易，让下庄成为旅游打卡地；我们要打造漫游线路，让游客走走停停，结合沿路的景观和农家小院，一边观赏、一边体验；我们要利用下庄的水资源，后溪河峡谷、私钱洞山泉，和紧邻五里坡国家级自然保护区的生态环境、清澈的水质，沿河开发亲水项目，在下庄引水造池，打造水体景观。我们还要打造竹林中休闲度假项目，利用千仞崖壁开发蹦极、飞拉达等户外运动项目。”

袁孝鑫好奇地打断道：“矮伯伯，您还晓得‘蹦极’和‘飞拉达’呀？”

毛相林笑了笑，习惯性地掏出烟来，准备散一根给身边的人，定睛一看，站在他身旁的是袁孝鑫，于是尴尬地又收了回来。

“我还不是要学习呀，而且现在还有很多专家主动来帮助我们，有些是我们想到的，有些是他们帮我们想到的，我们不能只站在村里看，要像现在一样，我们站在外面看，站在更高的地方看，就会看到更多的东西。比如我们如果想全力开发下庄潜在的资源，就可以与巫山县的旅游环线蓝图对接，探索文农旅融合发展，巩固发展柑橘、西瓜产业，以及桃园观光游。让越来越多山外的人自发到下庄‘打卡’，在实现乡村振兴的同时，稳步走在小康的路上。”

……

袁孝鑫一边听，一边用手机的笔记软件记录着，她的身上穿着自己扎染工坊做的一件连衣裙，裙子上有着蓝莹莹的各种细碎色块，拼凑起来就是一幅特别好看的图画。毛相林将她的裙子好好打量了一番，他觉得这幅图画好像是一个小孩在放风筝，她的手里牵着长长的线，风筝飞得很高很高。

展望未来，实现梦想，下庄，未来可待、可期！

浪漫曲

下庄今朝

让人想到『月亮在白莲花般的云朵里穿行』
这样的幸福感、归宿感、和平感

只能也只有夏天这样的季节才配得上他们的血
和他们站在一起，让人脸红、出汗
让人不愿冬眠
让人也想要举起手站起来和贫穷说永别
无论物质的，还是精神的

岂止是修了这一条出路
种养殖、染坊、民宿、学校
在下庄，四面八方都是看得见或看不见的路
在下庄，群山清醒，没有人会迷失
在下庄，翻开一段岁月
就能叩响一个人内心的回声
读过它的人远比原来的自己更多

（南木子）

◆翻开时光的天路◆

毛相林，天路，『下庄精神』
建党百年红色旅游精品线路
全国乡村旅游重点村，全国乡村治理示范乡村
这些名字
无法说清更接近天空还是大地
但无论哪一个
都像那一年从北京捧回的『加油干』
都像那一年对着党旗举起的右手
都像巫山精神，重庆精神，中国精神

这条路通往少数人的家乡，多数人的远方
除了掏心掏肺掏灵魂
还能拿出什么更好的礼物
致敬——
时间，蓦然一眼就在他们的头顶
准备好了一场月光

下庄天路修通后，时间又过了20年。如今的下庄村已经越来越红火，桃花与三角梅、蔷薇、柑橘和柚子花齐盛放，火热的红、淡雅的黄、纯净的白色，姹紫嫣红，花开村民屋前屋后，花开在下庄的怀抱里。

果林飘香

袁孝恩和毛相林两个人的关系好到什么程度呢？有人打趣说，他们就像是两个哑巴亲嘴——好得没话说。

年轻时，袁孝恩和毛相林曾经一起进山里去找牛娃子，找了几天几夜。

修路时，袁孝恩是二社社长。修路就是与恶劣环境展开的一场战争，这场战争中，如果毛相林是运筹帷幄的帅，袁孝恩就是带领队伍冲锋在前的将，这又是一种生死情谊。

在毛相林提出要发展“橙色经济”，希望大家都来种植柑橘时，袁孝恩是他最重要的战略同盟和“吹鼓手”。袁孝恩是下庄最早种植柑橘树的，也是最早失败的，当有人站出来把他过去种柑橘失败的事情搬出来作为反对毛相林的理由时，袁孝恩毫不犹豫地站在了毛相林的身边，“我也还想试试。”因为他信任毛相林，“修路这么难的事情我们都不怕，还怕种点柑橘？”

他们选择了最适合下庄的柑橘品种纽荷尔。2017 年柑橘开始挂果。

天有不测风云。老天又跟下庄人开起了玩笑，更像是对袁孝恩和毛相林的嘲讽。2018 年秋，蛆柑波及整个下庄，挂在枝头的那些柑橘个头硕大，皮色深黄，掰开看，却是细小的白色虫子在蠕动，那就是蛆柑——一种严重的寄生虫病。

袁孝恩走在果园里，看着地上一波接一波的落果和烂果，看着树上的柑橘颜色黄中带白点，这些就是蛆柑明显的表现，这些柑橘不能卖了。其他响应毛相林的“橙色经济”号召，试种柑橘的村民也遭遇了同样的情况。袁孝恩的心也坠落到谷底。

毛相林也走到他家柑橘园来查看，柑橘每天往下掉落，毛相林看着很不是滋味，心里难过。

“老矮啊，今年白干哒。”袁孝恩见四周无人，才对着毛相林说，话音低沉，悲凉。

白干一年，毛相林心里比别人更不好过。在村民大会上，毛相林给大家鞠躬，检讨自己，说道：“是我没有做好，我对不起大家，让大家经济受到损失。”

大家沉默。

“但是，路还得往前走！这个事儿是我起的头，我也就要负责到底，这种病虫害我们一定会有办法解决的。”

毛相林到农委去搬救兵，找到专家请教之后，回来就带领村民治蛆柑。

他算了一笔账，2018 年如无蛆柑，则下庄正常收入可达 20 万元。因蛆柑，下庄经济损失惨重。他很心疼，这学费有点贵。以前摸着石头过河，以为找到适合这块地的品种了，大家多花点力气就能得到收获，蛆柑发生以后，毛相林再一次感受到科学的重要性，应该是全过程的科学种植，再用以前的老经验是不得行的。思前想后，他决定办“愚公讲堂”，他把自己的老屋拿出来做教室，不定期地邀请专家来讲种植技术。

在打药治虫的过程中，毛相林又发现了问题，因为要根治病虫害，必须整体行动，把地上的烂果全部捡回，把树上的果子也要摘下来，全部放进塑料袋里，用药闷杀。如果有些遗漏，则蛆柑难以根治，明年说不定又会遭。

药兑多了，掉叶伤果；药兑少了，治不了虫害。毛相林想到一个办法，药水按照专家的要求进行统一调配，然后请妇女主任刘时琼挨家挨户吆喝，喊村民到毛相林家去领药，毛相林一家一家地盯着，生怕哪一家村民自作主张，少用药或漏用药。

经过这一次齐心协力的集体行动，下庄的柑橘蛆柑问题得到了彻底解决，2019 年柑橘收成很好，下庄的柑橘真正成了村民们的摇钱树。

“分有分的好处，每家每户都有积极性，合也有合的好处，才能获得最大的效益。”毛相林感叹道。不仅是像这次抗病虫害风险需要体现集体合作的优势，运输和销售也都可以搞合作，建立合作社，把果蔬种植产业化，集体的力量永远是大于个体的力量，可以最大限度地减少风险。建立合作社，果蔬的运输和销售村民们都不用各自操心了，有专门的货车直接来拉，村民们只管把地种好，剩下就是等着数钱。

毛相林和袁孝恩聊了一会儿柑橘合作社的事，看了看他拄着的拐杖，毛相林突然又问道：“你们的那片桃园怎么样哒？”

天有不测风雨，人有旦夕祸福。不久前袁孝恩突发疾病，经过治疗虽有所好转，但却留下了偏瘫的后遗症。看着这个曾经也是生龙活虎精精壮壮的汉子，毛相林唏嘘不已。

毛相林问桃园，关心的不仅仅是袁孝恩，还有毛相斌。毛相斌是毛相林的堂弟，牛娃子的亲哥哥。毛相斌也老了，眼睛和牙齿都不好使，前不久也是祸不单行，患了肺结核，还被石头砸伤了腿。

下庄村最低处有一条河沟，河沟边的坡地上种植了 650 亩纽荷尔。旁边还有一片 150 亩的地，栽植了 6000 株桃树。其中毛相斌家有 20 多亩，是“大户”，其余的就是袁孝恩和另外 10 户村民的。

春天的下庄繁花似锦。从下庄上部的红岩湾到低洼处的桃园，5 公里长的地带一路桃花盛开。成片的桃园是既开花又结果的，而这沿途的桃树从品种上就决定了其只开花不结果，属于观赏桃花。

种植观赏桃花这个项目是当初下庄村开会确定下来的。村里认为，下庄要发展旅游，开发项目单调，吸引不来游客。种植桃花，发展旅游，这个决定受到了村民们的拥护。

最初这些地大多撂了荒，为建这个桃园，经营桃园，毛相林搞调查，找项目，寻资金，跑了很多路，费了好多神，人也消瘦了，脸上又多了几道皱纹。

最初的开荒、垦地由县扶贫办专门拨款 15 万元资金，后来打窝，栽种，管护，优先选 12 户下庄村村民做工，而桃园的具体管理由巫山县秀葱农业专业合作社负责。

这也是下庄村搞的“村集体经济组织 + 专业合作社 + 产业 + 农户”的新模式，成立专业合作社进行统一管理，村民的土地用来流转，进入合作社，统一管理。合作社和村里各占三成，村民占四成，而这种模式的产生就是因为毛相林他发现很多人都老了，年轻人也少，再以家家户户单打独斗地去干越来越困难，就带领村民成立了多个合作社，有柑橘、桃子、核桃合作社，每个项目一个合作社，以合作社形式管理产业，规模化。

如今荒地变成了桃园，桃树已有半人高，整齐排列，一树一树桃花盛开，桃红的花在青山的衬托下如诗如画。

桃花与三角梅、蔷薇、柑橘和柚子花齐盛放，火热的红、淡雅的黄、纯净的白，姹紫嫣红，花开村民屋前屋后，花开在高山的怀抱。

袁孝恩回答说，如果不是成立合作社，他和毛相斌的地肯定是又撂荒了，现在自己虽然干不了农活，但桃园结了桃，有了收成，还给他们分了钱。

“老矮，我这一辈子就相信你，没路时你带领我们修路，没钱时你又带领我们发展产业……我晓得你现在很忙，但再忙也得抽一点时间，去我们家吃一顿饭，我把毛相斌也喊起来，喝两杯酒，我们3个老兄弟再好好摆一场龙门阵。”

和袁孝恩聊了一阵后，毛相林继续往下庄的最低处走去。王先翠的家在那里，从上到下顺坡下坎需要走10多分钟。柑橘也成立了合作社，加入合作社是自愿的，可以自己管理，也可交由合作社统一管理、统一联系销售。

王先翠身穿朱红色外衣，还是和年轻时一样的瘦弱矮小。以前修路时，王先翠到工地背水煮饭，如今她是走在前面的柑橘大户。

王先翠的柑橘地虽处在低洼地势，但是向阳，阳光充足，晒到太阳的果子尤其好吃。

去年，王先翠的纽荷尔产值上万元，除了通过合作社卖出去的收入7000多元，送给亲戚朋友吃的有几千元。

日子一天天好起来，她心里甜滋滋的。毛相林和她又聊了一会儿，吃了一个纽荷尔，真甜!

刘恒玉家与王先翠家隔得不远，70岁的刘恒玉种植了10亩柑橘，积极主动地管护柑橘，既勤劳又愿意跟着学技术，成了产业发展带头致富模范，被村里评为了“致富能手”。毛相林看到他正跟妻子在土里翻弄着一块红薯地，田地里堆满挖出来的红苕。

“这么大岁数哒，整天干农活累不累?”毛相林问。

刘恒玉想都不想就回答:“当年修路都过来哒，还有比那更苦更累的吗?”

刘恒玉说这话让毛相林感动。

毛相林说:“现在生活好哒，他们没有白白牺牲呀。”

刘恒玉是沈庆富的岳父，说起因修路而牺牲的女婿，刘恒玉神色黯然，望着面前的柑橘地，自言自语道:“他的牺牲换来了乡亲们的好

村主任袁孝鑫在果园里

周瑄 摄（2023年）

日子，值哒！”

杨亨平和老表们来往比较多，那些老表就是他外祖母口里说的心里念的那些娘家的侄孙们。老表们会经常来下庄走走杨亨平这个亲戚，杨亨平也会在纽荷尔成熟时，装满几大箱给老表们送去。“外祖母是没有这个口福了，但她一定晓得，我家的橙子肯定是最甜的。”杨亨平说。

如今的下庄村已经越来越红火，比下庄变化更大的是下庄的人。曾经面对大山昂首跪立，为牺牲者燃香的精壮汉子们都已是古稀之年了，而 20 年前，那些坐在村小教室里，渴望着看到风筝的娃娃们一眨眼也到了而立之年。下庄的“希望之路”又在哪里?

朗朗村小

当毛相林和方四财带着村里人拆了下庄村的山王菩萨庙后，孩子们终于能坐进不漏风不漏雨的新建村小里上课了，袁孝鑫和彭淦这两个孩子用稚嫩的声音问了一个问题：“矮伯伯，您见到过风筝吗？”

当年，下庄家家户户的大人都到山上修路去了，村小教师张泽燕被留在教室里，他用力地在黑板上写下了“大人流血修路为我们，我们读书为下庄明天”，站在黑板前大声朗读的小学生中，有两个孩子，男孩子叫彭淦，女孩子叫袁孝鑫。如今他们都已读完了大学，又回到了下庄，袁孝鑫接过了毛相林村主任的岗位，彭淦接过了张泽燕手里的教鞭，成了下庄的一名乡村教师。

2021 年，张泽燕要退休了。早在 4 年前，村小的沈老师就已经退休了。这四年的时间里，张泽燕就是下庄村小唯一的教师，他也即将成为下庄村小历史上的最后一名教师。

张泽燕心里难受得很，如果说乡村教师苦，下庄的乡村教师肯定是口含黄连脚踏苦胆——从头苦到脚，但张泽燕也认为，要说幸福，这世界上也没有比他更幸福的乡村教师了。

寒冬里的一声炮响，开始修下庄天路了。张泽燕这时就在下庄村小当教师。王先平和他搭档，两位教师要教 6 个年级，这 6 个年级分布在 3 个教室里。

按照村支“两委”制定的规则，修路的钱由村民集资，钱少，根本没有办法请人来修路，所以每家既要按人头集资，也要按人头出义务工。谁都不能特殊，只要搞了一次特殊，那就会有很多次的特殊，事情就搞不成。

张泽燕和王先平也是下庄村的村民，那就同样得出义务工，两位教师都觉得理所当然，相比其他村民，他们心里还更激动，更喜悦。

在 1995 年的春季之前，下庄唯一的村小是由一间土墙修建的保管室改造的。条件非常简陋，三四个年级、几十个孩子坐在一起上课，拥挤不堪，由于年份久了，土墙四周都裂开了口子，屋顶也是补了又补，遇上下雨天，雨水啪啪地滴落下来，老师们不得不拿来水桶和盆子接住雨水，一边是滴滴答答的滴水声，一边是老师的讲课声，孩子们根本就不能安心上课。保管室的右边墙壁最高处，竹子糊的泥巴墙破裂出一个大洞，一到冬天，大山的风像刀片一样，直直地灌进来。更让毛相林担心的是，说不定哪天下大雨，吹大风，房屋就可能会倒塌下来，严重威胁老师和孩子们的生命安全。毛相林急了，“再穷不能穷教育啊！”

一声号召，全村人一起修学校。

修学校就需要找新场地，这就犯难了，因为最合适的那块场地上有一座100多年的老庙子，下庄人祖祖辈辈都在那里供奉泰山菩萨、山王菩萨，拆庙子可不是小事情！

但毛相林说了什么话呢？他说：“不修学校怎么办？孩子们要读书，不读书个个都是文盲，要不得，要修。”这是他在开院坝会时说的，说完了就让大家举手表决，表决结果是勉强通过。虽然大家的态度不够坚决，但毛相林的态度很坚决，他大手一挥，搞！

他不只是这样说，而且也带头这样做，张泽燕就亲眼目睹，当村民们带着梯子、铁锹、砍刀、榔头、铁锤、錾子等工具涌向学校，就要准备动手拆庙的时候，村里年龄最长、辈分最高的杨姑婆颠着一双小脚，头缠一块青布头巾，左手挥舞着，右手拄着一根拐杖，躬着腰，摇摇曳曳，一步一步颠过来！“拆不得啊！拆不得啊！”这一喊，人们就像是被什么神力牵绊着一样，止步不动，谁也不敢上房拆庙了。

看见这个情景，毛相林大踏步走出人群，燃起三炷香，向庙里的泰山菩萨、山王菩萨分别作了三个揖，说道：“菩萨，得罪哒！”

话不多，这几个字一说完，毛相林就脱下外套往地上顺手一扔，一手提起铁锹，一手抓住梯子，三步并作两步爬上了庙顶，只见他大吼一声，举起铁锹，用力将庙顶的烂瓦往后面阳沟掀翻下去……

见毛相林开始掀瓦了，人群就骚动起来。紧跟着杨元鼎、方四财、毛相斌也都抓着梯子上去了，全村上下热火朝天地拆起庙子来。

村民们出钱出力，经过全村人的奋战，不到4个月的时间，一座崭新的学校就修建好了。

当五星红旗在宽阔的带着新鲜泥土芬芳的操场上升起的时候，整个下庄突然间显得开阔起来，仿佛不再是四壁皆山了。一夜之间，下庄人的思维也跟着开阔起来，下庄的明天有希望了。

也是因了这个缘故，当毛相林在村民大会上说要修路的事时，张泽燕和王先平两位都是举手最积极的。滴水恩当涌泉报，何况修学校和修路都是为了孩子们。

张泽燕和王先平轮流着排班，修了一年多的路。一个人上工地去了，另一个不上工地的，就一个人教6个班。

修了一年多的路，突然间就不再让他们两个老师去修路了。

由于黄会元的牺牲，1999 年 10 月 2 日下午，下庄村召开了特别村民代表大会，共有 25 名村民代表参会。会议在村会计杨元鼎家的院坝召开，毛相林提出会议的主题：沈庆富和黄会元两家的修路任务是否免除。

“肯定要免，人家为修路而死，死得光荣，子子孙孙都要记得他们，如果还给他们家分任务，那是昧了良心。”举手表决，25 名村民代表一致同意免除两家人的修路任务。

表决刚结束，四社社长杨亨华就提出新问题：“他们两家属于特殊情况中的特殊情况，大家都同意免除他们的义务工，但是村里其他困难户就免谈哈，也莫来说这样困难那样困难的，这个可开不得口子哟。但是，我认为村小的王先平和张泽燕两位老师的情况大家也需要考虑一下，我认为他们两个的任务也应该要免除，他们两位的家中都有困难，但他们从来不喊叫一声，跟着大家一起啃山。现实情况大家都看到起了的，就是他们教了书就不能修路，修了路就没法教书。”

袁孝恩也说道：“我当了十多年的二社社长，以前我做梦都想要有一条好走的路，为啥子？娃娃们去猫子垭读书好恼火啊！人小路难走，他们不愿读书，当大人的也心疼，可是这样下去村里留不住人呀，好多娃娃们初中没有读完就出去打工。修路是我一辈子最大的愿望，路修通了，一辈子才有盼头。我们真正的盼头是啥子？我们还都只活得到好久嘛，我们的盼头还不都在娃儿的身上！我同意免了两位老师的义务工！让他们安安心心好好生生地只管教书！”

老支书黄会洪咳了两声，清了清嗓子，说道：“下庄人拼命修路是为什么？就是为了摆脱贫困。修了路就能摆脱贫困，我看不一定。下庄这些年出去打工的人为什么经常上当受骗，还不是因为没有文化缺少知识。养儿不读书，不如喂头猪。我们这群人被困在下庄，都没有读完初中，吃尽了苦头，不能再让后辈也吃这个苦。两个老师的任务要免，还要给当妈的打招呼，要让娃儿读书，要督促娃儿读书。”

老支书的话入情入理，讲的是大道理，说的是家常话。与会代表再次举手，一致同意免去了下庄村小王先平和张泽燕两位老师的修路任务。

事后还是有少数村民有意见，毛相林就说：“老师修路就不能教书，小孩就要‘放羊’。下庄人修路是摆脱贫困，光有路不行，孩子们还得有知识。老师们的工作和我们修路一样的重要！”

男儿有泪不轻弹，只因未到动情处。张泽燕找到毛相林：“毛支书，我退休了，下庄就没‘学校’哒。”

毛相林也只能长长地叹一口气。本来下庄村小还有两位老师，4 年前沈老师退休后，一直没有新的教师前来，村小就全靠张泽燕一个老师硬撑着。现在张老师也即将退休，再没有教师前来，下庄村小就只有关闭了。这个事情实在是拖不过去了，毛相林心里也很着急，他想让年轻人回来，这还不仅仅是因为村小缺教师哟，现在是整个下庄都缺人——缺年轻人，“现在村里的干部年龄最小的都有49岁了，整体年龄有问题，我的接力棒都不晓得往谁的手上交哟！”

正在此时，彭仁松闯了进来，毛相林眼前一亮，彭仁松虽然年纪和自己差不多，虽然他初中也没读完，但平常爱看书，还喜欢编一些山歌来唱，在下庄人中算是有文化的，脑子灵活、口齿伶俐——先请他来代课如何？

毛相林把想法一说，彭仁松连忙摆手，他说自己有几斤几两心里还是有杆秤的：“我去教书，那不是误人子弟吗？不能拿娃儿们的前途开玩笑哟，我们当年那么辛苦修路，不也只是给两个老师开绿灯免了任务，大家都同意了的，大家都说娃儿的事比修路都还重要。”

说到“娃儿”二字，毛相林心里本就在打算盘，此时干脆顺势提出：“你家彭淦大学毕业了噻？”

“毕业哒，在成都西华大学读的经济学，现在在腾讯的一家外包公司做财务，一个月拿得到七千多！老矮，他考上大学的时候你不是还给他发过奖金吗？”

奖金是毛相林自掏腰包给的，每年开学，毛相林都会给下庄村考上大学的孩子送去奖金。

“今年下庄共考上了 4 个大学生。刘世琼的女儿杨梅考到了铜梁，王先翠的女儿陶骥考到了广西，袁孝恩的孙子袁青海考到了永川，王先军的儿子王宋明考到了涪陵。”说到娃们考上大学的事，毛相林高兴得很，他想起一个月前自己还扳着指拇数给张泽燕老师看：“都是你以前教过的娃儿哟！”说得张泽燕也咧开了嘴，眼里还有一些泪花花。

这么多年来，哪家孩子叫什么名字，在哪儿读书，成绩如何，毛相林都记得清清楚楚。

在毛相林的心底，对下庄能考上大学的孩子们，他一直都很羡慕，觉得孩子们都很了不起。回忆起自己的童年，因为条件限制，只读了一个帽子班，后来还吃了不少没文化的亏，毛相林感慨万千，唏嘘不已。

张泽燕心里也有一本账，2004 年下庄天路修通以后，全村有 36 人外出上小学、132 人外出上中学，29 人考上了大学。就拿彭淦来说吧，这个娃娃以前莫说没看到过风筝，他连真正的公路都没见到过，下庄天路修成通车，虽然还只是一条泥巴路，只是在路面上铺了一些碎石子，但这毕竟是他看到的第一条公路呀，彭淦这个娃娃高兴得不得了，硬是要和村里的大人们一起，一步一步踏着公路往山外走。但这一走，他就很少回来了，村里没有初中，彭淦到镇上去读初中，到县里去读高中，后来又去成都读了大学……

看着越来越多的孩子走出大山，到县城，到省城，通过上学彻彻底底改变了命运，毛相林和张泽燕心里都很高兴，可高兴之余，毛相林又有更多的失落和纠结，当年他心里想的是如果不修路，下庄村的人就会逐渐搬出去，再也不回来了，下庄就没有了，可等到路修通了，这些孩子们还是陆陆续续出去了，而且就是沿着他们修的这条路走出去的……他们还会回来吗？

张泽燕知道毛相林心里在想什么，扯了扯他的衣袖："我也希望随着下庄的发展，让更多的年轻人能看到希望，愿意回来用自己学到的知识改变家乡的面貌。不过……慢慢来吧，问题会逐步解决，一切都还需要时间。"

毛相林摸出烟来，给张泽燕和彭仁松各递了一支，白了张泽燕一眼："你都退休了，学校一个老师都没有了，那个时间拿来还有什么用？让村里的现在的这些读书娃去放牛哇？"

张泽燕苦笑道："我就算是再留下来，再教个3年？5年？还是解决不了问题。"

这个时候彭仁松才明白过来，原来毛矮子并不是真的认为自己教得了书，他说的这个"代课"只不过是权宜之计。他脑筋转了转，嘿嘿一笑。

也不理会毛相林和张泽燕诧异的眼神，他拿出手机就给儿子拨通了电话：“儿子，我以前喊你回下庄来，你说回来没得事做得，现在有事做了，回来当老师你总当得下来噻？哎呀，你莫说那么多的理由，我只有一个理由，我们爷俩这一辈子就没好好相处过几天，你那个妈多早就离婚走了，要养你，我就到湖北的采石场和广东的电子厂去打工，回到下庄那几年我又在修路，等路修通了，你又去镇上和县里读书，十天半个月才回来一趟，当时我还劝你，一去一来跑一趟要 4 个多小时，太辛苦了，你给我说的啥子你还记得到不？你说就想和我这个老汉儿多待一会儿，你就想回来看看奶奶。”

彭仁松用手背拭了拭眼睛，继续聊电话：“你还晓得噻，2012 年你考上大学，你矮伯伯给你送了奖金的，但是你不晓得的是我们家那时候还是贫困户，你奶奶还在生病要用钱，你读书的学费要缴 6000 多块，我想了很多办法都没凑够，还差 1000 块，老子当时急得想跳崖，你那个时候也还以为老子不得让你去读了，在屋头哭得哇

▶ 巫山县竹贤八一爱民小学下庄教学点　　周瑄　摄（2023 年）

呀哇的。是你矮伯伯晓得了又借了 1000 块钱给我们，他说啥子？他说，'哪怕我自己没有，我都会想法给你去借，娃儿读书是第一位的'。现在我们下庄还有几十个娃儿要读不到书了，你看得过去吗？对得起你那个矮伯伯吗？"

挂断电话，他对眼巴巴的毛相林和张泽燕说："哼，你们又不是不晓得我的本事，天上的麻雀儿我都哄得下来——他答应回来了！"

毛相林心里乐开了花。彭仁松又问："有编制噻？"

毛相林蒙了，张泽燕毕竟在这个岗位上，一下就明白了他的问题："沈老师退休后那个编制都是空起的，娃儿可以考特岗入编嘛。"

彭仁松这次主动摸出烟来散了一圈："老矮，你也莫说我现实，我就是一个现实的人。当父母的总是心疼娃儿，在外面打工好累嘛，今天挣了不晓得明天的钱在哪里，古人不就说故土难离吗？我也想他回来，能回来挣一份工资，少是肯定少，但要稳当些！你们看，我都没问当老师领得到好多工资，肯定没得他现在在成都挣得多噻？这个我一点都不担心，有他矮伯伯带着大家跑，我们穷不到的。"

1997 年开山炮响，彭淦 5 岁多。对于 1992 年出生的彭淦来说，毛相林带领村民们修筑的下庄天路是他见到的第一条公路。

彭淦记得，他第一次沿着这条公路走出下庄，去到镇里，又去到县里，这是一个完全不同的世界，下庄村在"井底"，那是家，镇上有更大的中学，县里还有电影院，而到了成都，那里有数不尽的高楼，那里也有水、有草、有树，城里人把这种地方叫作公园，同样是树，同样是草，同样是溪流，公园里的要比下庄村里的更美一些，好多漂亮女娃都在那里拍照……

“对得起你那个矮伯伯吗？”这是父亲在电话中说的一句话，也正是这一句话击中了彭淦的心。虽然大学毕业后留在了成都工作，但他始终关注着下庄，他知道矮伯伯带领大家把路修通了，可这条路又是矮伯伯给他自己出的一道考题呀，我们都沿着这条路走出去了，他又怎么能让大家沿着这条路走回下庄？彭淦大学所学的专业是经济学，影响人才流动最大的因素就是市场供给与需求，但是对于下庄村这种具体的情况，彭淦没有看到相似的案例。彭淦决定回下庄，他想看看矮伯伯究竟是怎样来解题的。

彭淦回到竹贤八一爱民小学下庄教学点当了一名教师。现在整个教学点只有 3 个学生，来支教的周煜超老师教六年级，彭淦带一年级和幼儿园。虽然只有 3 名学生 2 名老师，可每周一早上的升旗仪式都会有 6 个人参加——教师口里喊的矮伯伯、娃娃们口里喊的矮爷爷只要没有因事外出，都会来和他们一起参加。

“在大山深处的下庄，外地教师来了也很难留得住，只有本地人才能在这里扎下根。”毛相林也会时常和彭淦聊聊天，给他吃定心丸：“你看啊，王首石中专毕业后回到下庄了，买了一辆货车跑起货来，村里老人上骡坪买东西，小孩上学读书，抬脚就上车。拉化肥，送柑橘，送西瓜，卖肥猪，一个电话打过去，车子开到院坝头；杨亨军也回来了，他成立了秀葱农业专业合作社，管理下庄的桃园，还在林下套种西瓜，摸索起新的创收门路；我的儿子毛连军大学毕业后，放弃了留在上海工作的机会，也主动回来了，参与旅游环线建设，还当了一名柑橘技术员，下庄后继有人……"

彭淦也给毛相林还了一颗定心丸："矮伯伯，现在我们学生少，竹贤乡中心校的学生也减少得厉害，没得办法，这是一个趋势，家长只要有一点点条件都愿意把娃儿往城里条件好的学校送，乡中心校去年只招到了 8 个学生，我看再过 5 年，中心校也可能会被裁撤成一个教学点。不过请矮伯伯放心，我是不会离开下庄的，因为我还看到了另一个趋势，随着我们旅游的进一步发展，回下庄的年轻人会越来越多，还有很多外地的年轻人也会来下庄工作和生活，孩子的教育既是他们的未来，也是给他们的一个保障，我把学校办好了，他们也就能更安心地留在下庄了。"

2020 年 11 月，中共中央宣传部授予毛相林"时代楷模"荣誉称号，2022 年 2 月 25 日，由巫山县委宣传部、县慈善会和毛相林共同倡议发起的"巫山县慈善会毛相林助学专项基金"在下庄村正式成立。毛相林将“时代楷模”的所获奖金全部捐给该基金，该基金主要用于资助下庄因修筑下庄天路伤亡村民的家庭、患有重病或残疾村民的家庭，还有巫山县符合资助条件的优秀学生，鼓励更多孩子用知识改变命运，用所学回报乡村。

毛相林说，希望这里的学生能走出大山，当然也希望他们在成才后能回到家乡来贡献自己的力量。

在“巫山县慈善会毛相林助学专项基金”举办仪式之后，侯长青问他：“你说过愿做一辈子的筑路人，过去修路是筑求生之路，发展产业是筑致富之路，接下来你又将为下庄筑一条什么样的路呢？”

毛相林不假思索：“希望之路。”

当年用摄影机、用照相机、用笔来记录下庄人的热血与激情的记者们也回来了，回首看 20 多年前的下庄，再看看下庄的这 20 年。

重回下庄

侯长青数了数，从1999年8月28日第一次去下庄，这25年时间里，他一共去过下庄 68 次，特别是最近几年，交通方便了，去得也就更频繁了。

侯长青也是巫山人，出生在巫峡中长江右岸的一个小村子，背后也是近乎绝壁的大山陡崖，但好在前面有江，侯长青是坐船离开村子、“走”出大山的，所以他对山是敬畏的，第一次听说下庄村要修公路，以他的生活经验，那就是“天方夜谭”。

但是去了第一次后，他就把自己当成了下庄人。

他一直清晰地记得第一次去下庄所看到的：“我们的前脚尖是踩在

路上的，后边脚跟是悬在空中的，手上也没什么可以抓的东西，就一点一点蹭过去；在修路现场，我远远看到悬崖上有几个黑影在晃动，当摄像机的镜头推上去，我们看到的是几个村民完全没有防护措施，就仰在后边，把岩石蹬下去……”

侯长青经常回下庄，比回自己老家那个村子更顺溜，他对下庄村子里的人也更熟悉，一到村子里就四处转悠：干净平坦的水泥路通村入户了，仿若一条清晰的“脉络”，构建起全村内畅外联的发展新格局，路宽了平了，日子好起来了，老百姓的心敞亮了，走在如今平坦干净的新路上，随处可见的是在田间埋头苦干的下庄人，不少村民家门口停着各式摩托车、小皮卡，还有邻村村民开着摩托专门拉着小鸡仔、小鹅仔来往穿梭叫卖。下庄村的宁静已被忙碌替换掉了。

“我从万州到巫山高铁一个小时，再乘车一个小时就能到下庄了，现在的下庄天路加宽加固，还被评为了‘全国十大最美农村路’，旅游大巴也开进了下庄。现在的下庄村容村貌也‘对得起’游客，虽然房子看上去很新，但村里原来的土坯房都得到了保护利用，换句话说，就是传统的文化得到了传承，现代化的生活又有机地融入了传统中。”

“下庄人仍然保留着一如既往的淳朴，仍然是一个夜不闭户的乡村，下庄人仍然是好客的，渴望着和外界的来往和交流。”侯长青走在村里，他认识每一个人，而村里的人见到他也是热情地和他打招呼，熟络得就像昨天还在一起干过农活。

“没有任何一位记者有我这么熟悉下庄！”所以，侯长青心里也有遗憾，他认为外界对下庄的认识主要都集中在了毛相林带领下庄人修路，但下庄值得记录值得书写的并不仅仅是修路。往前追溯，20 世纪五六十年代修电站，众多设施设备从挂壁羊肠道抬进下庄，那也是下庄人咬着牙干出来的，有了这个电站，竹贤乡才有了电，下庄才触摸到了现代化。其后他们下庄人又修了红岩大堰，也是众多的下庄人咬着牙干出来的，有了这个大堰，下庄的庄稼才不缺水，有更多的土地变得肥沃适宜耕种，“这些我觉得也应该写出来，我要写一本《我的下庄》。”

“我现在经常回下庄，除了写这本书需要往前看，也是想多往后面看看，这条下庄天路不是一条简简单单的公路，它可是下庄村的‘金腰带’，现在毛相林和那个小丫头村主任成天都在揣摩产业，要我说下庄最有价值的产业就是他们的这种精神，这种精神承担着中国梦想，这种精神是中国最基层的力量，不仅在现在有热度，永远都有热度。你们看嘛，中国千百年来，是不是都是靠着‘不甘落后、不等不靠、不畏艰险、不怕牺牲’的精神在一直向上发展？”

“我不仅要写书，而且今后我死了，我也希望能埋在下庄，我不忌讳说这些，真的，你们都晓得，下庄和我的老家差不多，埋在这里也算得上是一种叶落归根，而且埋在这里，我还可以看到未来的下庄是什么样子……还是可以给我也立一块碑，碑上不用刻我的名字，就刻‘三峡之子下庄人’就行。”

侯长青一点也不忌讳谈生论死，而这也是源于下庄人对他的改变。黄会元牺牲时，侯长青也正在工地上采访。“我问，都死两个人了，这路还修吗？大家的反应很平静，村民杨元鼎说，‘我们只是悲痛，我们不会怕，修路哪有不流血的？从开始修就想到了这点’。”

死亡，是所有人都害怕和畏惧的，但他们从嘴里说出的是“不会怕”，只有一种可能，那就是还有比死亡让他们更难以忍受，更害怕，更想远离的东西。

侯长青说，这么多年过去了，自己也才想明白，村民们害怕的是没有未来。

他说，这么多年过去了，很多人都还记得为修下庄天路牺牲的人们，但真正能宽慰牺牲者们的，不应该只是路修通了，更应该是路走通了。

“虽然我没见到过沈庆富，但这些年我总觉得有一种似曾相识的感觉，也正是因为这种感觉，我一趟又一趟来下庄，我很想能够告诉沈庆富，现在的下庄究竟变成了什么模样。”

不仅是侯长青心里有着未解开的结，方四财也是如此，一趟又一趟回到下庄，他是见到过沈庆富的，但时间也过了这么久，他说，我虽然记得他的模样，但我也想让更多的人记得他，可是，哪怕我们为建下庄人事迹陈列馆，找到了各种各样的资料，却始终未能找到一张沈庆富的照片。这也成了他的心结。

方四财一直关心着刘恒玉一家。“我真不知道应该用‘欣慰’二字还是用‘悲伤’二字来形容他们一家。”

刘恒玉生了3个女儿，刘道菊是他们家的小女儿，身体不好，做不了农活，大女儿二女儿嫁出去后，为了不让这个家空荡荡，不让自家的地就此撂荒，所以才招了沈庆富来做上门女婿。

可总是难遂人愿，沈庆富牺牲后，10年后刘道菊带着儿子沈玉全改嫁到骡坪镇上去了。让她离开这个伤心地，也算是好事吧。不久，刘道菊又生了一个孩子。

在村民们的眼里，刘恒玉一直都是庄稼地里的一把好手，特别肯干活，又能吃苦，虽然年龄越来越大，但刘恒玉他们老两口仍然坚持下地干活，还干成了柑橘种植大户。这下应该为他们高兴了吧?

刘道菊生的第二个孩子智力发育出现了问题，命运对她太残忍了。

刘恒玉的大女儿和二女儿又相继去世。

刘恒玉犯愁了，老两口的身体也不知道还能干得了多久，身边也没有一个照顾他们的人。

为这事毛相林心里也着急，但他不知道怎么办。侯长青又一次回到下庄，毛相林就把这个问题抛给了他。

“把沈玉全喊回来！”侯长青给毛相林出了这样一个主意，这也是相对可行的办法。沈玉全现在已经长成20多岁的小伙子了，人长得标致，对姥姥和姥爷也有很深的感情。沈玉全平常也在外面打工，回下庄的时候很少，也只有清明或过年时会回来给父亲上个坟。

沈庆富牺牲时沈玉全才两岁多，还不记事，对父亲更没有存留下印象。侯长青说，这个娃娃也是长大后在村民们的讲述中才慢慢建构起了父亲的形象。

沈玉全和刘恒玉一样，都是不善言辞的人，有一天他主动来找到毛相林：“毛书记，我想回下庄来照顾姥爷他们，但我的户口迁不回来，姥爷他们百年之后，我在下庄就没有片砖片瓦了……”

安静的孩子总是会让人倍感心疼。

方四财知道这个事之后，就开始了新一轮的忙碌，跑县里的各个部门去咨询、去协调，终于，把孩子的户口重新迁回了下庄村。

跑户口这种事方四财不是第一次去办了。1997年，有村民发现有人遗弃了一个婴儿在村子里，据推测遗弃者可能是周边某个村子的人，毕竟下庄的生活条件要比周边好一些，方四财说，在那个时候，遗弃婴儿或许真是有许多不得已的情况，孩子被包裹得好好的，又还精心选择了下庄这个地方，又还是半夜冒着生命危险走挂壁羊肠道送进来的，遗

▶ 沈庆富没有在世上留下一张照片，但儿子长大了，村里人都说看到沈玉全，就像看到了他的父亲　（资料图片）

弃一个婴孩是“容易”的，但要收养她，却是非常困难。

人心都是善良的，这是一条生命，再大的困难都得去想办法解决，孩子被杨亨富收养了。给她取名叫杨宏。杨宏的户口是方四财去帮忙跑下来的，而且为办户口，“计划生育罚款”也是方四财自己垫钱去交的。

“下庄人都是善良的，现在孩子已经27岁了，每到过年的时候都会拿着猪脚、水果和面条来看我。”方四财说。

侯长青说，沈玉全的户口这事儿又是方四财去跑下来的，但事儿跑出了眉目之后，他就让毛相林接手，去通知沈玉全——他把这个人情送给了毛相林。

侯长青和其他村民不一样，他

有着记者的视角，能看到很多其他人看不出来的东西，比如下庄的有些事儿，都是方四财在默默地做，做完了才把“桃子”交到毛相林手中去。

侯长青感叹道，比如修路的时候去要三材物资，去相关部门“化缘”，方四财是农经干部，毛相林只是村支书，从找各种渠道、找各种关系，是毛相林能一个人去干得成的吗？

将沈玉全的户口办理“非转农”，这又是多么难办的事，只靠毛相林能办得成吗？

对这些事，方四财又是怎么说的呢？

方四财说：“我做这些，一切都是为了下庄，我并不是为了帮毛相林一个人。路修好了，不容易呀，但这条路也给下庄人的个人发展、婚姻家庭带来了新的挑战，这些问题的处理，他毛矮子是处理不了的，作为朋友，我不是应该继续帮帮他们嘛！”

方四财的这几句话说的是自己的心声，但侯长青却不这样看。他说：“我看这些年的很多报道，都说修下庄天路怎么这么厉害，毛相林又怎么这么厉害，这些说法都没错，但我认为他们的观察都不深入，这条路不是毛相林一个人修出来的，是整个下庄人，是中国基层乡村集体精神的集中体现，是一代代下庄人执着地守护着他们的家园，倾尽所有让故土一点点变得更好，他们身上映射出的，是中华民族世代传承的故土难离、家国至上的文化基因和精神根脉。”

他又说：“下庄的发展乃至下庄天路的修成，除了毛相林带领下庄人敢想敢干、不等不靠，最关键的是离不开党的领导和政府部门的具体帮扶。我想过很久，要说个人魅力，下庄村的老支书黄会洪比毛相林还要强，他也曾想过修路，但没有成功，为什么？我们能做成一件事绝对不会是单一的条件，一定会讲一个天时地利人和，如果不是当时中国的改革开放，就像巫山的七星村已经发展起来了，已经远远超越了下庄村，毛相林会受到那种刺激吗？可能整个下庄人还会觉得路难行，但在下庄能吃得饱，他们也不会下这么大的决心来追赶时代。”

“方四财是政府派去的工作人员，从某个角度来说，他就是政府的代表，他为了下庄付出了多少心血这是大家看得到的，他为了工作，夫妻俩两地分居 20 多年，这是很多人看不到的牺牲。所以下庄天路能修成功，方四财也是其中的一个‘人和’因素，还有社会各界的关注和支持，这也是‘人和’。”

“下庄人的内生动力加上来自各级组织和社会各界的支持，共同成就了下庄的今天。”

当年修筑下庄天路时的巫山县领导已到退休年龄，时隔多年，他们仍然忘不了第一次来下庄的情景，他仍牵挂着下庄。“我人离开了巫山，但一直心系巫山，我人离开了下庄，但心一直留在了下庄。以前我看到的毛相林，那还是一个中年人，又黑又矮，现在他和我一样，成了老头儿了，我现在退了休，有了自己的时间，想回下庄看一看，也看看毛矮子还认不认得我这个老头儿。”

“首次来是因为事故，这次来是探寻故事，”王老头儿打开了话匣，“对于下庄，我一直心存敬畏，也带有愧疚……”

老王也是一位资深媒体人，曾经还担任过万州日报社党委书记、社长，他写过20多万字的县长笔记，其中一篇题为《一个库区县长的外迁移民日记》，经央媒发表后，感动了无数人。现虽已退休，但他仍常年挎着相机“泡”在乡村，写下了10多万字的脱贫调研笔记。

“我敬畏的是下庄人的精神；愧疚的是，我本来可以为下庄做得更多！”他说。

2022年11月2日，老王与著名画家、四川美术学院院长庞茂琨，重庆日报总编辑张永才等一行去了一趟下庄村，完成了他与毛相林的约定——再到这里来看看。

看着下庄人事迹陈列馆里的图片和影像资料，老王深深地吸了一口气：“往事并不如烟，影像化为永恒。”

1999年年底，他第一次来到下庄，是黄会元修路牺牲之后。

那一天，黄会元抱着钻机打炮眼，突然头顶上落下一块巨石将他砸中，他旋即随巨石落入悬崖。

“站在崖边，我们手拉着手向下望，只见深谷乱石中隐约有一抹黄色，那是黄会元的安全帽。”时隔多年，老王回忆起当年情景，仍声音哽咽。

“下庄四面绝壁，本不是修路的地方，县里也未纳入规划，而当县委书记了解到下庄人在毛相林的带领下自发修路时，便带领我们来到现场。当村民为感谢县领导来看望而下跪时，书记扶起村民，握着村民的手，含着眼泪说下跪的应该是我们。随即安排县交通局、农业局、教育局、卫生局、广播局等部门‘点对点’帮助，并要求县级分管领导抓紧抓实。返回县城后立即召开常委会，以县委的名义向全县发出学习发扬下庄精神的决定，并把县委中心组学习会搬到了下庄路上。”

“万州媒体主动投入，在当时的重庆市万州区委常委、宣传部部长的策划下，从报社电视台抽出七人组成采访小组，一时三峡两岸回响起‘下庄人’。重庆市委和市政府高度赞扬下庄精神，社会各界广泛捐款，出现了许多感人的故事。”

“正是下庄精神，化为了全县人民战胜一切艰难险阻的巨大动力。那是巫山发展史上的一个特殊时期，移民外迁、新城搬建倒计时，聚鹤街滑入长江，望霞危岩惊动中央，烟厂关停，旅游人数下滑等，困难重重，压力山大。”

“现在回看，下庄精神更有它当时的现实意义。一些干部说，去了下庄，看到山里人为了修路，连命都不顾，我们还有什么困难不能克服。”

那年调离巫山时，老王在工地上捡了两块石头——石头上有下庄人凿过的痕迹，一块摆在办公室，一块送给了女儿。

他在日记中写道：我捡起两块凿碎的岩石碰撞了一下，发出清脆的砰砰声，坚硬如钢。要在这样的岩石上开凿出一条路来，需要比钢铁还要坚强的意志。我的泪水在眼眶里打转。这不是普通的石头，它凝结了下庄人的追求与向往，凝结了下庄人的勇气与毅力。

“我从下庄捡回的石头，现在还摆在我家里，一直放在书橱，成了生活中的定心石。看见下庄石，就会想起下庄人，就会充满一种勇气，就会坚定向前披荆斩棘。”

“我这次来探寻到了下庄的新故事。下庄人用‘不甘落后、不等不靠、不畏艰险、不怕牺牲’的精神，书写着乡村振兴的精彩故事。”王超感慨地说。

“下庄下一步怎么走？”很多人都会问这样一个问题，因为这是大家都关心的问题。这是一个有关下庄未来的问句。党的二十大报告提出，全面建设社会主义现代化国家，最艰巨最繁重的任务仍然在农村。脱贫攻坚，下庄人交出了亮丽答卷；全面推进乡村振兴，下庄人又该如何发力？

“我们要把下庄建成全国知名的康庄。”说这话时，毛相林淡定从容，声音洪亮，透出大山汉子的坚毅与活力。

“现在我们的‘培训加旅游’发展很快，这是过去不敢想的。”2022年5月6日，巫山县委党校下庄校区建成开班，创新推行“培训家访”“旅游家访”，将干部教育培训与乡村旅游结合起来，并引导村民入股房屋，改造学员宿舍75间、139个床位，现在党校天天都有培训班，白天听毛相林讲党课，晚上学员们就住在农房改造的民宿里。下庄人既当房东，又当服务员，还是下庄故事的讲解员。

同时，下庄还在提速建设旅游环线，推动下庄片区创建4A级旅游景区。目前，下庄村有好多“名片”，比如“全国乡村旅游重点村”“全国乡村治理示范村”，重庆市“文明村镇”“美丽宜居乡村”“爱国主义教育基地”，并入选“建党百年红色旅游百条精品线路”。毛相林说到这些，自豪又开心。

夜深了，老王和毛相林站在党校外的小坝子上往前看，群山无言，整个村庄都入睡了，再往“井口”看，那一块天空缀满了星星。

日上三竿，金色的阳光从“井口”倾泻而下，洒满下庄。

美院院长站在毛相林身边，仰望大山。突然，他拿过老王手中的笔记本，即兴画起了眼前的风景。在他眼里，这里，必将成就一幅中国式现代化的村庄图鉴。

临别时，老王再次捡了一块下庄的石头，并向下庄村党支部交了1000元特殊党费。

大人们上山修路，村里的孩子们就大的照顾小的。图为 8 岁的刘俊明（王先翠女儿）背着黄平（黄玉河儿子） 骆勇 摄（1999 年 9 月）

如今的刘俊明已经出嫁了，在江苏幸福地生活着，黄平成了一名挖掘机司机，回到下庄，继续修路 周瑄 摄（2023 年）

侯长青和方四财经常回下庄，他们不约而同自发地承担了一个特殊的任务，“打击毛相林”！

方四财和毛相林一起工作生活了近 10 年，对他了解至深。“毛相林有非常宝贵的精神品质，比如敢于冲锋、敢于承担，尊重知识，向往未来，而且在金钱方面他不甘于贫穷，他也渴望财富，他虽是带领大家去致富奔小康，毛相林自己也是有着非常强的致富愿望的，但请记住，他还有一个非常宝贵的精神品质，就是能守住底线，不是自己的一分不拿，这就是我们自古以来都讲到过的‘君子爱财取之有道’。毛相林是承担着中国梦的最基层力量，是我们基层治理中应该树立和学习的榜样，他被评为‘时代楷模’当之无愧，具有振奋人心激励更多基层干部的现实意义。”

“但是，毛相林仍然有缺点，比如做事毛躁，脾气不好，是个‘顺毛驴’，我们就要让他知道，你毛相林是人不是神！在荣誉面前，在下庄的蓬勃发展中，你可千万别飘！”方四财笑着说。

毛相林每次看到侯长青和方四财回下庄，心里是纠结的，又高兴，又郁闷。如果是两个人都碰巧一起回下庄，毛相林的高兴会加倍，郁闷更会加倍。

侯长青和方四财回到下庄，见到毛相林就是一声接一声地喊“毛矮子”，也不管袁孝鑫这个村主任、小丫头是不是在他身边商量工作，一点面子都不给。方四财说：“我们这就是故意的，毛相林他得到荣誉后也飘过，还好，他没有飘好远。我就是担心他经受不了这么大这么多的荣誉，作为朋友，我要时时刻刻把他‘喊醒’。”

侯长青说，毛相林个子矮，长相也很普通，我看着他，经常就会发生一种意识的飘逸，他和我在老家大山里的哥哥太像了，个子、样貌、神态……不同的只是眼神，我哥哥的眼神里只有忍受，他至今都还生活在大山里，等待着世界的改变，而毛相林的眼神中有股狠劲！

习近平总书记在2017年新年贺词中讲道：“只要我们13亿多人民和衷共济，只要我们党永远同人民站在一起，大家撸起袖子加油干，我们就一定能够走好我们这一代人的长征路。”

精神的力量是无穷的，只要我们发扬新时代的“愚公精神”，撸起袖子加油干，我们已经赢得了决胜全面小康、决战脱贫攻坚的伟大胜利，也一定能继续完成乡村振兴这一实现中华民族伟大复兴的重大任务。

榜样催人奋进，使命呼唤担当。我们从毛相林和下庄村看到了中国共产党人攻坚克难、服务人民的奉献，看到了中国人民不怕牺牲、追求幸福的执着，看到了中华儿女逢山开路、遇水架桥的奋斗。

将初心融进灵魂，把使命扛在肩上。我们要以毛相林似的优秀共产党员为标杆，将榜样的感召力量融入改革发展的伟大事业之中，将楷模的引领作用融入人民创造历史的伟大实践之中，点燃奋斗激情，激发实干斗志。

毛相林和下庄村脱贫致富奔小康的事业还在继续，下庄的故事，一定会更加精彩！

向天要路！

山凿一尺宽一尺！

路修一丈长一丈！

心之所愿，无所不至。

协奏曲

毛相林自述

路再难也要修。山凿一尺宽一尺，路修一丈长一丈，就算我们这代人穷十年、苦十年，也一定要让下辈人过上好日子！为了子孙后代，抠也要抠出一条路来！

以群众满意为目标苦干实干

2021 年，全国脱贫攻坚总结表彰大会上，习近平总书记嘱咐我：“加油干，把下庄建设好，发展好！”我非常激动，备受鼓舞。

生我养我的下庄，过去与世隔绝，贫穷落后。这些年，在党和国家政策的指引下，我们下庄人发扬不甘落后、不等不靠，不畏艰险、不怕牺牲的精神，打通了“出山路”，闯出了“致富路”，迈上了“幸福路”。回望过去，下庄的每一次变化，都是在党的领导下，全体村民用勤劳、智慧、勇气干出来的。展望未来，我们还要把下庄建设好、发展好，还要继续走好群众路线、做好群众工作，把群众组织起来、动员起来，让下庄走得更远、变得更好。

我们巫山，有著名的长江三峡，到处都是大山大水、深山峡谷、山高坡陡，随便一座山就是一两千米高，出门都要爬坡上坎、翻山越岭，可能来旅游的人会觉得我们过青山绿水，风景十分优美。美的确是美，但在本地人眼里，那就是穷山恶水，我们的生活条件十分艰苦。

“下庄像口井，井有万丈深；来回走一趟，眼花头又昏。”这是我们下庄村民祖祖辈辈流传下来的打油诗。下庄村地处大山深处，四周是悬崖绝壁，像个“天坑”，世世代代与世隔绝，唯一的一条羊肠小道，有108道“之”字拐，十分陡峭。从我们这一辈人记事以来，有23人摔下悬崖死亡，75人摔成残疾，我们修路之前数了数，当时竟

“20年前，我们下庄在悬崖绝壁上抠出了一条出山路；几年前，我们下庄在脱贫攻坚中闯出了一条致富路；现在，我们下庄必须在乡村振兴中，迈向一条幸福路”

周瑄　摄（2023年）

然有 153 人一直住在“井底”，没有出过村。

1997 年，我在巫山县委党校参加培训班，去一些靠近县城、交通方便、经济富裕的村子现场参观，我才晓得，啥子是电视机，啥子是电冰箱，才晓得这些“现代化”的生活与我们的生活有很大的不同。我感到惊讶，也很羡慕，更有苦恼，下庄太落后了！

要想改变落后的面貌，我们就必须修路。那个年代，国家发展不均衡，手长衣袖短，需要修路的地方也很多。我们下庄非常偏僻，政府一时半会儿还顾不过来。我们也没想过“等”，等不等得来先不说，等不起呀！多等一年，就耽搁了 10 多个娃娃，多等十年二十年，就又耽搁了一代人啊。我说，要想修路，只能靠我们自己干！

听说我要修路，第一个提出疑问的，其实就是我的母亲。她问我：“前几个书记都没有搞成，就你能搞吗？”

我知道，母亲是担心、是心疼。于是反驳道：“别人搞不成的，难道我也搞不成吗？不修路，下庄只会越来越落后。”跟母亲反复交涉，她才勉强同意。她说，“路可以修，但要记住，不能死人。死了人，你就不好交代。”

最难的，不是做家里人的工作，而是要把全体村民组织起来。我和驻村干部方四财统一了意见，先去找了退下来的老支书，争取到他的支持后，召开了两次村社干部和党员会，结果并不理想。大家都想修，但想得更多的还是害怕悬崖绝壁。也不是不敢修，是在悬崖绝壁上修路太难了。如果从村子后边的出山路修，一放炮，就可能损坏我们的房子和田地。所以我们选择从另外一座山上修，放炮对房子也没有影响，对田地也没有损失。开始的时候大家分歧很大。我和方四财又挨家挨户搞走访，面对面听诉求、做工作。在第三次党员和村社干部会议上，反对修路的声音逐渐少了。我觉得时机已经成熟，又召开了第四次党员和村社干部会，并进行了表决。党员干部的思想统一了，接下来的工作就好开展了。我们在村里小学的坝子里召开了村民大会，全村 96 户 397 人都来了。有小的扶着老的，有老的牵着小的，久病在床的，就请人抬了过来。

村民大会上，村民提出的疑问一个接一个。有人问我："地势那么险，靠我们这百多个下庄人，修得通不？"我说："路再难也要修。山凿一尺宽一尺，路修一丈长一丈，就算我们这代人穷十年、苦十年，也一定要让下辈人过上好日子！"

也有人问我："下庄穷得叮当响，拿啥子来修路嘛？"我就掰起指头给大家算细账："从现在起，如果每家每户多喂一头猪，96 户就可以多养 96 头，一年就可以凑 3.8 万元。另外，我带头抵押房屋，贷款 1 万块，每个村干部贷款 5000 块，大家一块钱一块钱地凑，肯定没得问题。"

就这样，经过4次干部会、党员会、群众会，全村逐渐统一了思想，形成了共识：为了子孙后代，抠也要抠出一条路来！

我至今都清楚记得，那是1997年12月7日，农历的冬月初八，那天又恰好是二十四节气中的“大雪”，我们100多号人，带着大锤、钢钎、撮箕，以及炸药、雷管，浩浩荡荡地上山，打响了向命运抗争的“第一炮”。没有机械设备，我们就腰系长绳、攀悬崖，吊箩筐、打炮眼，先炸出立足之地，再一寸一寸向前凿。没有帐篷，我就带头，搭窝棚，住山洞，我住在工地最长的一次是3个月没回家。

路，一寸一寸地向前进。危险，也一步一步向我们逼近。先是王先银，掉进了鱼儿溪，摔断了肋巴骨。后来，沈庆富、黄会元，先后被巨石砸中，摔下几百米的悬崖。此时，我的决心是动摇了的，这样干，值不值？我也不知道还能不能把这条路修通。特别是面对着沈庆富和黄会元的家属，我非常愧疚。如果不修这条路，他们肯定不会死在工地上。在黄会元的灵堂前，我问大家，“这路到底还修不修？”是黄会元父亲的一番话坚定了我继续修路的信心。他说：“我们这个地方这么苦寒，我们数十代的人，受了这么多年的辛苦，我还是愿望和期望广大群众，哪怕我（儿子）黄会元死哒，还是要努力一把，只增一把火，我们公路就修通了，就摆脱这个贫困了。”“修！”全体村民齐刷刷举起了手臂。那一刻，我们下庄人暗暗发誓：“一定要把这条路修通，不修通决不罢休。”后来，又有 4 人在修路过程中失去了生命，但始终没有一人讨要说法，没有一人打退堂鼓。

在我们最困难的时候，县委、县政府领导来了，社会各界的关心也来了，雷管、炸药等物资源源不断地来到了下庄，成为我们最坚强的依靠，给我们修路提供了充足的物资保障和技术支持！到 2004 年，我们付出了 6 条生命，2 人终身残疾，花了 7 年时间，终于在悬崖绝壁上凿出了一条 8 公里长的“绝壁天路”。

公路修通的那天，在噼里啪啦的鞭炮声中，村民们第一次迎来了汽车。有人问我，“这个东西能装好重？”我说，“能装几千斤”。有的感叹，“天哪，以后就可以拉煤炭来烧了，不用爬山砍柴了”。有的又问，“坐这个东西到县城要好久？”我说，“两个小时”。有的说，“天哪，我们以前要走一天一夜啊！”一位老人，半张着嘴巴，一脸不敢相信，“那我就可以到巫山县城去耍？”我说，“只要身体好，走好远都行。”看到村民们高兴，我哭了，这条路是全村人用生命和鲜血换来的，洒满了热血和泪水。但那天，我也笑了！6 位村民在天有灵，终于看到我们成功了。如果没有这条路，下庄人将永远贫穷落后，村民哪来的满意度、哪来的幸福感呢！我们没有辜负大家，没有辜负子孙后代。

习近平总书记强调：“中国共产党根基在人民、血脉在人民、力量在人民。”有人曾经问过我，当初为什么要在悬崖绝壁上修路？答案很简单，就是不想让下庄的村民，因为认不得电视机、电冰箱，被人嘲笑；不想让下庄的病人，因为交通不便，而死在半路上；不想让下庄的孩子，因为看不到外面的世界，而成为最后的下庄人！还有人问我，如此艰难，绝壁公路为什么能修通？我是这样回答的：下庄这条出山路，如果没有上级党委、政府的坚强领导，如果没有社会各界的大力支持，如果没有群众的自觉自愿，肯定会失败。党是坚强的后盾，下庄群众才是真正的英雄。正是因为下庄村的党员干部，始终把群众作为智慧和力量的源泉，紧紧依靠党的领导、紧紧依靠群众，大家心往一处想、劲往一处使，才会有全村老少的战天斗地！才会有黄会元父亲的感天动地！才会有路通后的欢天喜地！

2004 年，路通后，过去吃不完又卖不成钱的粮食、蔬菜、水果，运到山外，成了好东西，受到城里人的欢迎，也给村民带来了收入。但这些零星收入还是不多，没有形成规模，村民富不起来，仍然穷。因为穷，群众的日子还是不好过。看到附近的村子逐渐富起来了，下庄还是那个苦寒的下庄，我们村“两委”一班人，心里不是滋味。村民大会上，我再次对全体村民说：“目前下庄最大的问题，是走不出自给自足的传统农业，找不到增加收入的致富门路。但是，我们要相信，下庄人修得成路，也一定能脱得了贫、致得了富。”

发展产业，跟修路是两码事，要讲科学。我没读过多少书，多数的下庄人世世代代生活在天坑里，也没见过大世面，就只能大胆地试嘛。看到附近的药材村，种植漆树让老百姓挣了不少钱，我就带着村民前去，挖了 2 万多棵羊羔大木漆苗，栽到下庄的土地上。看着漆树苗长势喜人，我给村民们算起了账，3 年后每棵树割 1 斤漆，每斤卖 100 元，2 万棵树每年就可以卖 200 万元。哪晓得，下庄是天坑地形，海拔太低，夏天温度太高，漆树怕热，当年就全部热死了。种漆树不行，我又和村民们琢磨种烤烟，很快，全村都行动起来，烟叶颜色纯正、烟苗长势喜人，可是，老天爷又跟我们开了个玩笑，还是因为温度和湿度都高，种出来的烟叶受潮后就变成了一把粉末。后来，我们又试着种桑、养蚕，还是因为气候和技术原因，蚕子得了蚕脓病，全部倒掉了。一来二去，村民们失去了信心、我也受到了打击，难道就没有其他路了吗？下庄还要一直穷下去吗？

在村民大会上我主动作了检讨，又跑到乡里、县里，找专家帮忙分析原因，发誓一定要带领全体村民走出一条产业脱贫的好路子。让我欣慰的是，专家对下庄的气候、土壤进行了全面科学的分析，认为下庄适合发展柑橘。

2012 年的一个傍晚，在昏暗的灯光下，我们又召开了村民大会，通报了县里专家的建议，并表示，由村干部带头，先行先试，如果路子对了，大家就跟着干。这一提议得到了全村人的大力支持和纷纷响应。

说干就干！我和村"两委"一班人，带头到曲尺乡去实地考察，回来后带头种了10亩，并让跑运输的儿子到邻近的奉节县去自费学柑橘种植技术，回来后，无偿为村民提供技术指导。几年下来，在县、乡党委政府的精心指导下，全村村民都积极支持，大力种植柑橘，村里还成立了专业合作社，进行统一管护。现在，下庄村能种的基本上都种了，规模达到1000余亩。

产业发展一波三折，让我们村"两委"一班人，更加清醒地认识到，下庄村要想彻底摘掉贫困的帽子，绝不是单靠我们几个村干部一腔热情就能实现的。我们需要人才，特别是有文化、有见地、有干劲的年轻人。公路修通以后，我们村先后有60多名学生考上了大学，100多名年轻人外出创业打工。我们特别希望，这些年轻人能够回到下庄，建设下庄，于是每年过春节，我们都组织党员干部，挨家挨户上门，为他们讲述下庄的变化，宣传下庄的规划，讲讲下庄的前景，动员他们回到家乡，建设家乡。在我们的努力下，30多名年轻人先后回到下庄。一个90后的女大学生，回来两年多，开办了扎染工坊，成了非遗传承人，还被选为村主任。村里有了接班人，下庄就有了更大的希望。还有年轻人回来考上村校教师，有的在村委会，担任挂职本土人才，有的在我们下庄的公司打工……

村民有钱了，人才回乡了，下庄决战决胜脱贫攻坚的底气更足了。

我和乡村干部、驻村工作队、帮扶干部等一起，一户一户、一项一项，落实“两不愁三保障”各项指标的要求，改造危房、易地搬迁 110 户 398 人，新建、整修水池 11 口、3000 多立方米，资助学生达 114 人次，新修、硬化村级道路 18.6 公里，通组通达率 100%。大家住上了安全房，喝上了干净水，走上了硬化路，用电、通信、互联网，接通到每一户百姓家中。2015 年，全村 65 户 273 名贫困户全部稳定脱贫，下庄村是在全县率先实现脱贫摘帽的村。2020 年，是全国脱贫攻坚的最后一年，那时我们下庄村的人均可支配收入达到了 13785 元，是修路前的 43 倍。

习近平总书记强调：“基层党组织书记是带领人民群众奔向美好生活的‘领路人’，也是为人民群众谋取利益的‘带头人’。”在全国脱贫攻坚总结表彰大会上，我第一个接受了总书记颁发的“全国脱贫攻坚楷模”奖章。那一刻，我打心眼里认为，党支部书记只要把群众的事放在心尖尖上，党员干部“带头干”，带着群众“跟着干”，一起逢山开路、遇水架桥，用我们的“辛苦指数”，换来群众的“幸福指数”，就能真正让群众信任你、依靠你、跟随你，成为基层党组织最牢固的基础。

村里脱贫摘帽后，参加过修路的村民时常教育后辈，虽然现在条件好了，但下庄人的品质不能丢，还要一代一代传承下去。下庄人的步伐，不能停留在打通绝壁上的天路，也不能停留在脱贫路上，我们还要走好振兴路，迈上幸福路！

2018 年，下庄附近的当阳大峡谷开工建设一条旅游环线，这条环线要经过我们山背面的村子，并且是连接着高速公路的。县委、县政府研究后决定，从我们下庄修一条路，与旅游环线连通。2021 年，又为下庄村制定了一个规划，利用下庄的特色，建设党性教育基地村、乡村旅游重点村、乡村振兴示范村。经过这几年建设，下庄发生了翻天覆地的变化，超过了过去几十年的总和。

我觉得这个变化主要集中在 5 个方面。

一是出山的公路更好了。下庄天路加宽加固了，变得更加安全，被评为“全国十大最美农村路”。“村村通”客车开进了村，很多村民也买了小汽车或者摩托车，到县城最快只要一个多小时。旅游环线建成通车了，旅游大巴也开进了下庄。

二是村里的面貌更美了。全村破旧的土坯房得到了保护利用，成为“中国传统村落”。新建了村校，村卫生室，自来水厂和污水处理厂。下庄村所在的五里坡国家级自然保护区已成为世界自然遗产（神农架）的一部分，生态越来越好，又能经常看到猴子了。

三是旅游的客人更多了。下庄大力发展研学旅游，天路下庄景区被评为国家 4A 级旅游景区，下庄村被评为“全国乡村旅游重点村”。我们组建了公司，实行“公司 + 集体 + 农户”模式，利用闲置农房改建为民宿 115 个房间。县委党校在下庄设立了校区，被评为全国“大思政课”实践教学基地。2022 年 6 月开始运营，到 2023 年年底，承接了各类培训和研学团队 116 期、6435 人，接待全国各地游客 14.6 万人次，过夜游客 1.5 万多人。

四是村民的腰包更鼓了。1000 亩柑橘，已挂果的有 600 多亩。民宿收入按公司 55%、村民 40%、村集体 5% 的比例分配，最多的一户已经分到 4.7 万多元。新办了 6 个农家乐，最多的一户一年毛收入近 30 万元。现在又还有 10 多户想通过改建自住房来发展成民宿或农家乐。就为了这个想法，2024 年春节假期的最后一天，我们县委书记就又带领着设计师到下庄召开群众会，请设计师免费设计，由群众自己投资改造。有一家很快就动工了。村里还有一些人，有的就在村里的公司打工，有的当柑橘的管护员、陈列馆的讲解员、民宿餐厅的服务员、观光车的驾驶员。当然，还有一批年轻人仍然在外出打工，收入都不错。2023 年，我们下庄村人均纯收入 20046 元，高于全县平均数 4000 多元，现在是家家都有存款。

五是下庄的精气神更足了。总书记给我颁奖后，我们下庄人不甘落后、不等不靠、不畏艰险、不怕牺牲的精神，得到全国各地群众的充分肯定。很多人到下庄，看了专题片，感动得流下了眼泪。以我们下庄人为原型拍摄的电影《开山人》在全国上映了，村里每年还要举办下庄“村晚”，整个村的人聚在一起吃团圆饭。

“广大农民群众，是乡村振兴的主力军，必须发挥好农民的主体地位，尊重农民的首创精神，调动农民建设美丽家园、追求美好生活的积极性、主动性、创造性。”学习习近平总书记的重要讲话精神，回顾下庄这些年的脱贫之路、发展之路、振兴之路，我越来越深刻认识到，正是因为我们始终坚持让群众当家作主，完善党组织领导的、充满活力的基层群众自治机制，才能让群众从“一起干”“跟着干”，到自己“主动干”，也才有了今天的物质和精神双丰收。

20 年前，我们下庄，在悬崖绝壁上抠出了一条出山路。几年前，我们下庄，在脱贫攻坚中闯出了一条致富路。现在，我们下庄，必须在乡村振兴中，迈向一条幸福路。

“江山就是人民，人民就是江山。”这句话深深触动了我。不管是出山路、致富路，还是幸福路，只要心里始终装着群众，处处想着群众，始终以群众满意度为目标，苦干实干，就一定能把群众的呼声，变成掌声、笑声、喝彩声。

随想曲

群英谱

下庄人事迹陈列室外的广场前竖立着书本式的石碑，铭刻着参与修路的村民名字

下庄村村委会供图（2024 年）

下庄村英雄谱

（按姓氏笔画排序）

一、牺牲村民（6 人）：

刘从根　刘光周　向绍平　吴文正　沈庆富　黄会元

二、参加修路的村民（102 人）：

马兴喜　马振荣　马新潮　王成龙　王先进　王先均

王先金　王先银　王先锋　王先翠　王祥山　王祥林

王祥松　毛相林　毛相斌　向　平　刘实安　刘恒兴

刘恒保　刘恒堂　刘崇凤　刘崇龙　刘道珍　杨　久

杨元文　杨元林　杨元虎　杨元科　杨元炳　杨元超

杨元鼎　杨元德　杨亨月　杨亨双　杨亨平　杨亨华

杨亨安　杨亨均　杨亨轩　杨亨财　杨亨兵　杨亨弟

杨亨武　杨亨林　杨亨国　杨亨金　杨亨荣　杨亨星

杨亨保　杨亨泰　杨亨斌　杨亨富　杨亨满　杨亨福

杨亨德　杨翔贵　吴永龙　吴自清　吴君仁　吴君攀

沈发柏　张国香　张泽山　张泽太　张泽友　张泽保

张泽清　张泽然　张泽燕　张胜双　张胜生　张胜伍

张胜全　张祖明　张祖清　陈正凯　陈祖英　陈福安

易美金　周玉龙　周述生　周述明　周述清　袁孝恩

袁堂清　郭光清　陶忠翠　黄一保　黄玉芝　黄玉河

黄玉庭　黄玉桃　黄玉高　黄玉衡　黄会生　黄会坪

黄会明　黄登翠　彭仁松　蒋长清　蒋延龙　谭先贵

（总计：108 名）

2023 年 2 月 7 日

下庄村发展年谱

1997 年 12 月 7 日 17 时，下庄村点响修建“天路”的第一炮；

2004 年，下庄村修通 8 公里的出山“天路”；

2015 年 5 月，毛相林带领 24 位村民，历时 10 个月，将 2 米宽的机耕道扩展为 3 米宽的碎石公路；

2015 年，下庄村在全县率先实现整体脱贫；

2017 年，在各级政府的扶持下，下庄公路硬化升级改造完成并加装防护栏，达到农村四好公路标准；

2018 年年底，全村发展柑橘 650 亩，开始挂果；

2019 年，下庄村居民人均可支配收入 12670 元；

2019 年，为铭记下庄人“不等不靠、奋力拼搏的精神”，600 余平方米的“下庄人事迹陈列室”完成建设；

2020 年，下庄村居民人均可支配收入 13785 元。

当然，这些发展之路，每一步都离不开毛相林的付出。除了摆在眼前的下庄的变化外，还有他的个人荣誉亦是有力的证明：

2016 年 1 月，重庆广播电视集团（总台）、重庆日报报业集团授予毛相林同志“2015 年度感动重庆十大人物称号”；

2016 年 3 月，中共重庆市委宣传部授予毛相林同志“重庆市岗位学雷锋标兵”荣誉称号；

2016 年 7 月，中共重庆市委授予毛相林同志“重庆市优秀共产党员”称号；

2017 年 10 月，中央文明办授予毛相林同志“中国好人”荣誉称号；

2017 年 10 月，重庆市人力资源和社会保障局、重庆市扶贫开发办公室授予毛相林同志“2017 年度重庆市扶贫开发工作先进个人”荣誉称号；

2020 年 3 月，中共重庆市委、重庆市人民政府授予毛相林同志“2019 年重庆市乡村振兴贡献奖先进个人”荣誉称号；

2020 年 10 月，国务院扶贫开发领导小组为毛相林同志颁发“全国脱贫攻坚奖奋进奖”；

2020 年 11 月，中共中央宣传部授予毛相林同志“时代楷模”荣誉称号；

2021 年 2 月，中央广播电视总台授予毛相林同志“感动中国 2020

年度人物”荣誉称号；

2021 年 2 月，中共中央、国务院授予毛相林同志“全国脱贫攻坚楷模”荣誉称号；

2021 年 6 月，中共中央授予毛相林同志“全国优秀共产党员”荣誉称号。

后记

中华民族勤劳勇敢、自强不息。

这样的精神，因经历千难万险、经受千锤百炼而历久弥新。

这样的精神，因巫山县竹贤乡下庄村人敢向绝壁要天路而得以诠释。

这样的精神，是中华民族屹立于世界民族之林的力量源泉。

与其说，当代“愚公”毛相林被表彰为时代楷模，是因为他代表了下庄人“不甘落后、不等不靠、不畏艰险、不怕牺牲”的精神；不如说，是以毛相林为代表的下庄人，让这一精神在新时代得以鲜活呈现，共三光而永光。

而《向天开路——当代“愚公”毛相林》一书，记下了这些鲜活的故事，彰显着这一伟大的民族精神。

中共重庆市委宣传部

中共重庆市巫山县委